한국사를 이끈
맞수들의 이야기

교과 연계
사회 5학년 1학기 1단원 국토와 우리 생활
사회 5학년 2학기 1단원 옛사람들의 삶과 문화
사회 6학년 1학기 1단원 사회의 새로운 변화와 오늘날의 우리
사회 6학년 1학기 2단원 우리나라의 정치 발전

진짜진짜 공부돼요 32

한국사를 이끈 맞수들의 이야기

2024년 4월 5일 초판 1쇄
2025년 5월 30일 초판 2쇄

지은이 신현배   그림 이소영
펴낸이 김숙분   디자인 김은혜   홍보·마케팅 최태수
펴낸 곳 (주)도서출판 가문비   출판등록 제 300-2005-60호
주소 (06732) 서울 서초구 서운로 19, 1711호(서초동, 서초월드오피스텔)
전화 02)587-4244/5   팩스 02)587-4246   이메일 gamoonbee21@naver.com
홈페이지 www.gamoonbee.com   블로그 blog.naver.com/gamoonbee21/
제조국 대한민국   사용 연령 8세 이상
주의사항 종이에 베이거나 긁히지 않게 조심하세요.
ISBN 978-89-6902-688-0 73810

© 2024 신현배

- 책값은 뒤표지에 있습니다.
- 잘못된 책은 구입하신 곳에서 바꾸어 드립니다.
- 이 책의 내용과 그림은 저자와 출판사의 허락 없이 사용할 수 없습니다.

한국사를 이끈 맞수들의 이야기

신현배 글 · 이소영 그림

작가의 말

 '역사는 맞수의 역사'라고 할 만큼, 인류 역사는 인물들이 서로 경쟁하고 대결하며 변화시켜 왔다고 해도 지나친 말이 아니야. 역사의 맞수들이 벌인 파워 게임으로 역사가 발전해 왔다고 할 수 있지.

 '역사는 승자의 기록'이라는 말도 있지만, 맞수 관계에서는 영원한 승자도 패자도 없어. 시대에 따라서 그 인물들에 대한 평가가 달라질 수 있기 때문이야.

 〈한국사를 이끈 맞수들의 이야기〉는 한 시대를 살았던 역사 인물 중에 맞수 관계에 있던 두 인물을 등장시켜, 그들이 살았던 시대상을 살펴보고 그들의 만남을 통해 우리 역사의 물줄기가 어떻게 바뀌었는지 알아보는 책이야. 성왕과 진흥왕, 연개소문과 김춘추, 김유신과 계백, 궁예와 왕건, 서희와 소손녕, 묘청과 김부식, 최영과 이성계, 정도전과 이방원, 김종서와 수양대군, 성삼문과 신숙주, 이순신과 원균, 최명길과 김상헌, 인현왕후와 장희빈, 흥선 대원군과 명성황후, 김구와 이승만 등 고대부터 현대까지 우리 역사에서 널리 알려진 맞수들을 중점적으로 소개했어.

 이 책에서는 시대에 따라서 역사 인물에 대한 평가가 달라질 수도 있다는 점을 고려하여, 후세에 그 인물의 행적을 어떻게 평가하는지도 알아보고, 어린이 독자들이 더 객관적이고 정확한 판단을 할 수 있도록 기술했어. 이야기를 읽기만 해도 우리 역사의 흐름을 저절로 알고, 어린이 독자들이 역사에 흥미를 갖도록 했어. 또한 역사의 맞수가 만나 당시 상황을 이야기하는 가상 대담을 꾸며서 보여 주어, 역사의 현장감도 살리고 흥미도 높였어.

 아무쪼록 이 책을 통해 여러 인물을 만나 역사와 가까이하는 어린이들이 되었으면 좋겠어.

지은이 신현배

차례

성왕 VS 진흥왕 _ 11
- 성왕과 진흥왕이 살던 시대에는 무슨 일이 있었나? _11
- 불교를 크게 일으킨 성왕 _13
- 신라를 가장 강한 나라로 만든 진흥왕 _15
- 관산성 전투에서 진흥왕의 군대에 목숨을 빼앗긴 성왕 _16
- 그 이후 역사는 어떻게 바뀌었을까? _17
- 성왕과 진흥왕의 가상 대담 _20

연개소문 VS 김춘추 _ 22
- 연개소문과 김춘추가 살던 시대에는 무슨 일이 있었나? _22
- 고구려 최고의 실력자, 연개소문 _23
- 외교술이 뛰어난 김춘추 _24
- 연개소문과 김춘추, 운명적 만남 _25
- 그 이후 역사는 어떻게 바뀌었을까? _27
- 연개소문과 김춘추의 가상 대담 _29

김유신 VS 계백 _ 30
- 김유신과 계백이 살던 시대에는 무슨 일이 있었나? _30
- 삼국 통일을 꿈꾼 신라의 명장, 김유신 _31
- 죽기를 각오하고 백제의 결사대를 만든 장군, 계백 _33
- 김유신의 군대와 계백의 군대가 맞서 싸운 황산벌 전투 _35
- 그 이후 역사는 어떻게 바뀌었을까? _38
- 김유신과 계백의 가상 대담 _39

궁예 VS 왕건 _ 41
- 궁예와 왕건이 살던 시대에는 무슨 일이 있었나? _41
- 후고구려를 세운 궁예 _42
- 궁예의 부하 장수로서 가는 곳마다 승리를 거둔 왕건 _43
- 왕건, 포악한 궁예를 몰아내고 고려를 세우다 _44
- 그 이후 역사는 어떻게 바뀌었을까? _47
- 궁예와 왕건의 가상 대담 _49

서희 VS 소손녕 _ 51
- 서희와 소손녕이 살던 시대에는 무슨 일이 있었나? _51
- 고려 최고의 외교관, 서희 _52
- 거란군 80만 대군을 이끌고 왔다고 큰소리친 소손녕 _54
- 서희와 소손녕의 담판 _55
- 그 이후 역사는 어떻게 바뀌었을까? _58
- 서희와 소손녕의 가상 대담 _60

묘청 VS 김부식 _ 62
- 묘청과 김부식이 살던 시대에는 무슨 일이 있었나? _62
- 수도를 개경에서 서경으로 옮기자고 주장한 묘청 _63
- 유교 이념을 철저히 지켰던 김부식 _66
- 김부식이 진압군 사령관이 되어 묘청의 반란군을 무찌르다 _67
- 그 이후 역사는 어떻게 바뀌었을까? _69
- 묘청과 김부식의 가상 대담 _71

최영 VS 이성계 _ 73
- 최영과 이성계가 살던 시대에는 무슨 일이 있었나? _73
- 싸울 때마다 이긴 고려의 명장, 최영 _75
- 활을 잘 쏘는 당대 최고의 장수, 이성계 _77
- 최영과 이성계, 위화도 회군 사건으로 맞서다 _79
- 그 이후 역사는 어떻게 바뀌었을까? _81
- 최영과 이성계의 가상 대담 _82

정도전 VS 이방원 _ 84
- 정도전과 이방원이 살던 시대에는 무슨 일이 있었나? _84
- 조선의 개국 공신, 정도전 _85
- 조선을 세우는 데 큰 공을 세운 이방원 _88
- 정도전과 이방원의, 목숨을 건 한판 승부 _89
- 그 이후 역사는 어떻게 바뀌었을까? _90
- 정도전과 이방원의 가상 대담 _93

김종서 VS 수양대군 _ 95
- 김종서와 수양대군이 살던 시대에는 무슨 일이 있었나? _95
- 6진 개척의 공을 세운 호랑이 장군, 김종서 _97
- 왕이 될 욕심을 품고 있던 수양대군 _99
- 수양대군, 김종서를 없애기 위해 쿠데타를 일으키다 _101
- 그 이후 역사는 어떻게 바뀌었을까? _102
- 김종서와 수양대군의 가상 대담 _106

성삼문 VS 신숙주 _ 108
성삼문과 신숙주가 살던 시대에는 무슨 일이 있었나? _108
충절을 지킨 충신, 성삼문 _109
수양대군 편에 선 변절자, 신숙주 _112
'사육신의 난'으로 성삼문과 신숙주가 맞서다 _113
그 이후 역사는 어떻게 바뀌었을까? _116
성삼문과 신숙주의 가상 대담 _118

이순신 VS 원균 _ 120
이순신과 원균이 살던 시대에는 무슨 일이 있었나? _120
일본의 침략에 대비한 이순신 _122
여진족을 무찌르는 데 공을 세웠던 원균 _123
사이가 나빴던 이순신과 원균 _124
그 이후 역사는 어떻게 바뀌었을까? _127
이순신과 원균의 가상 대담 _129

최명길 VS 김상헌 _ 131
최명길과 김상헌이 살던 시대에는 무슨 일이 있었나? _131
'주화론'으로 나라를 살린 최명길 _133
절개와 충정을 지닌 김상헌 _135
최명길과 김상헌, 남한산성에서 주화론과 주전론으로 맞서다 _137
그 이후 역사는 어떻게 바뀌었을까? _139
최명길과 김상헌의 가상 대담 _141

인현왕후 VS 장희빈 _ 143
- 인현왕후와 장희빈이 살던 시대에는 무슨 일이 있었나? _143
- 숙종의 애정을 받지 못했지만, 성품이 어질고 덕이 높았던 인현왕후 _145
- 왕자를 낳은 장희빈 _146
- 인현왕후와 장희빈, 당파 싸움의 희생양이 되다 _149
- 그 이후 역사는 어떻게 바뀌었을까? _151
- 인현왕후와 장희빈의 가상 대담 _153

흥선 대원군 VS 명성황후 _ 155
- 흥선 대원군과 명성황후가 살던 시대에는 무슨 일이 있었나? _155
- 어린 아들을 대신해 권력을 잡은 흥선 대원군 _158
- 흥선 대원군과 맞선 명성황후 _160
- 흥선 대원군과 명성황후의 불꽃 튀는 대결 _161
- 그 이후 역사는 어떻게 바뀌었을까? _162
- 흥선 대원군과 명성황후의 가상 대담 _166

김구 VS 이승만 _ 168
- 김구와 이승만이 살던 시대에는 무슨 일이 있었나? _168
- 조국 광복을 위해 힘쓴 독립운동가, 김구 _170
- 미국에서 외교 중심의 독립운동을 벌인 이승만 _173
- 김구와 이승만, 해방 공간에서 맞서다 _174
- 그 이후 역사는 어떻게 바뀌었을까? _176
- 김구와 이승만의 가상 대담 _178

성왕 VS 진흥왕

삼국 시대에 백제의 성왕*과 신라의 진흥왕*은 각각 나라를 크게 발전시킨 왕이었어. 두 나라 왕은 처음에는 동맹 관계에 있었어. 하지만 다른 한쪽의 배반으로 관계가 깨지고, 관산성에서 치열하게 싸우게 돼. 그 전투 현장으로 떠나 볼래?

성왕

■ **성왕과 진흥왕이 살던 시대에는 무슨 일이 있었나?**

한강 지역은 평야가 발달해서 곡식을 풍부하게 거둘 수 있었어. 따라서 인구도 많아 세금도 많이 거둘 수 있고 군

진흥왕

사력도 기를 수 있었지. 더욱이 한강 하류 지역에는 중국으로 통하는 뱃길이 있어서 그곳으로 선진 문물을 받아들여 문명을 발전시킬 수 있었어. 이처럼 좋은 조건을 갖추었기에, 고구려·백제·신라 삼국은 한강을 차지하기 위해 불꽃 튀는 대결을 벌였단다.

한강의 원래 주인은 백제였어. 백제는 한강 하류 지역에 세워진 나라였거든. 한강 유역에 있는 여러 작은 나라들을 통합하여 3세기경에는 큰 나라가 되었지. 특히 4세기 후반인 근초고왕 때는 지금의 경기도·충청도·전라도와 강원도·황해도 일부, 낙동강 중류 지역을 차지하여 전성기를 이루었단다.

하지만 그 이후에는 고구려가 강국으로 올라섰어. 고구려는 광개토왕 때 정복 사업을 활발히 벌여 영토를 크게 넓혀 갔어. 그의 아들 장수왕은 427년 수도를 평양으로 옮기고 남진 정책을 추진했지. 고구려의 남진 정책에 위협을 느낀 백제와 신라는 433년 군사 동맹인 나제 동맹을 맺었어. 고구려가 쳐들어오면 서로 구원군을 보내어 돕기로 약속한 거야. 하지만 나제 동맹은 제 역할을 다하지 못했어. 475년 고구려가 백제의 수도인 한성을 빼앗고 한강을 차지했거든. 이때 백제는 수도를 웅진(공주)으로 옮겼지.

신라는 6세기에 눈부신 발전을 이룩했어. 법흥왕 때 고대 국가 체제를 갖추더니, 진흥왕 때에는 영토를 확장하기 시작했어. 진흥왕은 한강 지역을 손아귀에 넣고 싶었어. 신라에는 산악 지대가 많아 넓은 평야가 없었기 때문이야. 그때 백제도 성왕이 전성기를 회복하기 위해 노력하고 있었어. 신라의 진흥왕과 백제의 성왕은 고구려가 차지한 한강 지역을 빼앗기 위해 손을 잡았단다. 연합군을 만들어 고구려를 공격하기로 한 거야.

■ 불교를 크게 일으킨 성왕

성왕은 백제의 제26대 왕이야. 523년, 아버지 무령왕의 뒤를 이어 왕위에 올랐지. 성왕은 성이 '부여'이고 이름이 '명농'이야. 중국의 역사책인 〈양서〉 '백제전'에는 그의 이름이 '명', 일본의 역사책인 〈일본서기〉에는 '성명왕' 또는 '성왕'으로 기록되어 있어.

〈삼국사기〉에 따르면, 성왕은 결단력이 있고 지혜와 식견이 빼어났다고 해. 그래서 백성들이 '성왕'이라고 불렀던 거야. 〈일본서기〉에도 "천도와 지리에 능해 그 이름이 사방에 퍼졌다."고 기록되어 있단다.

그런데 '성왕'은 불가에서 나온 말인 '전륜성왕'을 줄인 이름이라고 해. 전륜성왕이란 통치의 수레바퀴를 굴려 정의·정법으로 세계를 통일·지배하는 이상적인 제왕을 가리키는 말이야. 성왕은 스스로 전륜성왕이라고 했다지? 그에 걸맞게 그는 일본에 불상과 불경을 전했으며,

전륜성왕

통치의 수레바퀴를 돌리자!

 승려 겸익이 인도에서 불경을 가져오자 이를 크게 환영하면서 번역 작업을 맡겼다고 해.
 성왕은 왕위에 오르고 석 달 뒤에 고구려의 침략을 받았어. 고구려군이 패수(대동강의 옛 이름)로 쳐들어온 거야. 성왕은 지충 장군을 내보내 고구려군을 물리쳤단다. 그로부터 6년 뒤인 529년에는 고구려의 안장왕이 군대를 이끌고 침입하여 북쪽 변경의 혈성을 점령했어. 이에 성왕은 좌평 연모에게 보병과 기병 3만을 주어 싸우게 했어. 하지만 오곡원 전투에서 병사 2천여 명이 전사하는 등 크게 패했지.

그 뒤 성왕은 혼자 힘으로는 고구려와 맞서 싸우기 힘들어 신라와 손을 잡았어. 신라와 공동 전선을 펴서 548년 고구려군을 무찔렀지. 538년 수도를 사비(부여)로 옮겼던 성왕은 551년 한강 지역을 회복하기 위해 신라와 함께 나섰단다.

■ 신라를 가장 강한 나라로 만든 진흥왕

진흥왕은 신라의 제24대 왕이야. 성은 '김(金)'이고 이름은 삼맥종 혹은 삼맥부이지. 불교 승려로서 '법운'이라는 법명도 가지고 있어. 진흥왕은 '불교 왕'이라 할 만큼 불심이 깊었지. 544년(진흥왕 5년) 신라 최초의 사찰인 흥륜사를 완공했으며, 566년에는 최대의 사찰인 황룡사를 지었지. 진흥왕도 백제의 성왕처럼 스스로 불가의 전륜성왕이 되고자 했으며, 두 아들 동륜·사륜(진지왕)의 이름도 불교에서 따왔단다.

진흥왕은 534년(법흥왕 21년) 지증왕의 아들이자 법흥왕의 동생인 입종 갈문왕 구진의 아들로 태어났어. 7세에 왕위에 올라 어머니의 섭정을 받은 뒤, 551년(진흥왕 12년) '개국'이라는 연호를 사용하고 직접 나라를 다스렸단다.

진흥왕은 화랑도를 창설하고 인재를 양성했어. 청소년을 불러 모아 자연 속에서 호연지기를 기르게 했지. 화랑도로 길러낸 인재들은 삼국 통일의 든든한 기반이 되었단다.

진흥왕은 '정복왕'이라 불릴 만큼 영토 확장에 힘썼어. 신라는 진흥왕 때 한강 지역을 점령하고 대가야를 정복하는 등 황금기를 이루었어.

진흥왕이 직접 나라를 다스리게 되자 한강 지역 정복 사업을 벌였어. 그는 고구려가 돌궐의 침략으로 한강 지역의 군대를 서북 국경으로 돌리자, 그 틈을 타서 백제의 성왕과 공동 작전을 벌였어. 그 결과, 신라는 한강 상류의 10개 군을, 백제는 한강 하류의 6개 군을 차지했단다.

■ 관산성 전투에서 진흥왕의 군대에 목숨을 빼앗긴 성왕

진흥왕은 한강 상류 지역을 차지했지만, 그것으로 만족하지 않았어. 백제가 갖고 있던 한강 하류 지역이 탐났던 거야. 진흥왕은 553년 7월 군대를 보내 한강 하류 지역을 점령해 버렸지. 이로써 신라는 한강 지역을 모두 차지할 수 있었단다. 결국 신라의 배신으로 백제와 신라의 군사 동맹인 나제 동맹은 깨지고 말았어.

진흥왕은 한강 하류 지역에 신주를 설치하고, 김유신의 할아버지인 김무력을 그곳의 군주로 임명했어. 김무력은 법흥왕 때 신라에 항복한 금관가야의 왕자로서, 용맹스러운 장수였지.

신라의 배신으로 한강 하류 지역을 빼앗긴 백제의 성왕은 분하여 견딜 수가 없었어.

'감히 나를 배신해? 으으으······.'

하지만 성왕은 곧바로 신라를 공격하지 않고 그해 10월, 자기 딸을 진흥왕에게 시집보내 방심하게 만들고는 전쟁 준비를 했어.

성왕은 다음 해인 554년 7월 군대를 보내 신라의 관산성(충북 옥천)을 공격했어. 그는 가야와 일본을 동원하여 연합 작전을 벌임으로써 관산성을 점령할 수 있었어.

이 소식을 들은 진흥왕은 관산성을 되찾으려고 김무력이 거느린 군대를 보냈어. 그때 성왕은 선발대로 나섰던 태자 창(위덕왕)을 위로하려고 보병·기병 50명을 데리고 밤길을 지나고 있었지. 하지만 첩자를 통해 정보를 입수한 신라군은 병사들을 성왕이 오는 길목에 숨겨두었어. 결국 성왕은 병사들의 습격으로 목숨을 잃었지. 김무력이 지휘하는 신라군은 곧 백제의 3만 대군을 물리치고 관산성을 탈환했단다.

■ **그 이후 역사는 어떻게 바뀌었을까?**

신라가 관산성 전투의 최후 승자가 될 수 있었던 것은 김무력의 눈부신 활약 덕분이었어. 김무력은 이 전쟁의 승리로 신라에서 자신의 입지를 탄탄하게 다질 수 있었지. 그뿐만 아니라 손자인 김유신은 할아버지의 후광에 힘입어 출셋길로 나아갈 수 있었단다.

관산성 전투의 승리로 진흥왕은 한강 지역의 진정한 주인이 되었어. 진흥왕은 넓은 평야가 있는 곡창 지대를 얻었고, 한강 하류 지역을 통해 중국의 선진 문물을 받아들였어.

전쟁에서 승리한 진흥왕은 신하들을 거느리고 북한산에 올라갔어.

북한산 순수비

돌아오는 길에는 마을에 들러 세금을 면제해 주고 죄수들도 풀어 주었어. 진흥왕은 북한산 일대를 국경으로 정하고, 북한산 순수비*를 세웠어.

또한 함안의 아리가야와 창녕의 비화가야를 합병하여 창녕 순수비를 세우고, 함경도 일대를 점령하여 황초령 순수비와 마운령 순수비를 세웠어. 진흥왕의 영토 확장으로 신라는 마침내 삼국 통일의 자신감을 얻게 되었단다.

북한산 순수비

그러나 백제는 관산성 전투로 성왕을 잃음으로써 중흥의 꿈을 접어야 했을 뿐 아니라, 결국 쇠퇴의 길로 들어서고 말았어.

성왕과 진흥왕의 가상 대담

성왕   진흥왕과 나는 공통점이 있지요? 불가의 전륜성왕이 되겠다고 할 정도로 불심이 깊다는 것 말이오.

진흥왕   맞습니다. 나는 왕의 자리에 올랐지만, 승려가 되고 싶어 말년에는 머리를 깎고 승복을 입은 채로 돌아다녔지요. 내가 왕이 되기 전에는 백성들이 출가하여 승려가 되는 것을 금했습니다. 하지만 나중에는 그것을 풀어 백성들도 승려가 될 수 있도록 했답니다.

성왕   대단하십니다. 진흥왕께서는 새 궁궐을 짓다가 나중에 그것을 사찰로 바꾸었다면서요?

진흥왕   그럴 수밖에 없었던 사연이 있지요. 새 궁궐을 지으려 할 때 꿈에 황룡이 나타난 것입니다. 결국 궁궐을 포기하고 황룡사라는 절을 지었지요. 지금은 그 절이 남아 있지 않지만…….

성왕   나는 일본에 불상과 불경을 전했어요. 불교 신자라는 점에서, 그 일을 매우 뿌듯하게 생각합니다.

진흥왕   참으로 훌륭한 일을 하셨습니다.

성왕 그런데 진흥왕께서는 어찌 우리 백제에게 그렇게 큰 상처를 주셨습니까? 나제 동맹을 맺은 친구로서 진실하게 서로를 대해야 하는데 말입니다. 한강 지역을 함께 점령해 놓고 어째서 우리 몫의 땅을 빼앗아 갑니까? 그뿐만이 아니에요. 진흥왕께서는 함께 고구려의 수도인 평양성을 공격하자는 저의 제의를 거절했어요. 나중에 알고 보니 고구려와 내통했더군요. 신라가 차지한 땅들을 고구려가 용인해 주는 조건으로 평양성 공격을 하지 않겠다고 했다면서요?

진흥왕 성왕께서는 정치를 모르시는군요. 내 나라의 이익을 위해서라면 동맹은 얼마든지 깰 수 있지요.

성왕 어허, 실망이네요. 제가 순진하고 어리석었군요.

연개소문 VS 김춘추

고구려 연개소문

친구들, 연개소문*과 김춘추*를 아니? 연개소문은 고구려를 이끌었던 최고 지도자이고, 김춘추는 뒷날 신라의 29대 왕(태종무열왕)에 올랐던 인물로 유명한 외교가야. 이 두 사람이 협상을 벌인 적이 있어. 이번에는 한국사의 영원한 맞수, 연개소문과 김춘추를 만나 볼까?

신라 김춘추

■ 연개소문과 김춘추가 살던 시대에는 무슨 일이 있었나?

삼국 시대는 고구려·백제·신라가 서로 세력을 키우며 치열하게 맞서 싸우던 때였어. 고구려는 광개토왕과 장수왕이 다스리던 4세기 말~5세기에 전성기를 이루었어.

특히 장수왕은 남진 정책을 펼쳐 한강 유역을 차지했지.

신라와 백제는 이에 위협을 느끼고 동맹을 맺었어. 그러고는 551년, 마침내 고구려로부터 한강 유역을 빼앗아서 나눠 가졌단다. 하지만 얼마 뒤 신라가 백제를 공격하여 한강 유역을 모조리 차지해 버렸어. 당연히 동맹 관계는 깨져 버렸지.

7세기에 들어서면서 백제의 복수전이 본격화되었어. 의자왕은 신라의 서쪽 지역 40여 개의 성을 빼앗고 대야성을 함락했단다.

당시에 고구려 역시 신라와 마찬가지로 위기를 겪었어. 고구려는 598년, 중국을 통일한 수나라에게 굴복하지 않고 네 차례나 전쟁을 벌여 그들을 물리쳤어. 618년, 수나라가 멸망하고 당나라가 건국되었어.

고구려는 당나라와 화친을 맺었어. 하지만 당나라는 고구려를 호시탐탐 노렸단다. 이에 고구려는 당나라의 침략을 막으려고 천리장성을 세웠어.

이처럼 어려운 시기에 위기에 빠진 나라를 구하려고 발 벗고 나선 인물이 고구려에서는 연개소문, 신라에서는 김춘추였어.

■ 고구려 최고의 실력자, 연개소문

연개소문은 고구려 말기의 재상이자 장군이었어. '개소문'이라는 이름은 '갓쉰'이라는 뜻이야. 전설에 따르면, 그의 아버지 연태조가 50세 때 얻은 아들이라고 그런 이름을 지었다고 해.

연개소문은 아버지의 뒤를 이어 고구려의 재상인 막리지의 자리에 올랐어. 고구려의 영류왕은 전쟁보다는 평화를 택해 당나라와 화친을 맺었어. 그러나 연개소문은 당나라와 평화롭게 지내기보다는 전쟁을 원했어.

"왜 당나라의 노예로 살려고 합니까? 우리는 그들에게 당당히 맞서야 합니다."

평화를 원하던 대신들과 귀족들은 연개소문을 눈엣가시로 여겼어. 그래서 그를 천리장성 축조의 감독으로 쫓아 보냈고, 영류왕의 승낙을 얻어 죽이려고 모의했어. 하지만 연개소문은 이를 눈치채고 642년, 평양성 남쪽 밖에서 열병식을 한다는 구실로 대신들과 귀족들을 초대해서 모조리 죽여 버렸어.

연개소문은 영류왕을 죽이고, 그의 조카인 보장왕을 왕으로 세웠어. 그러고는 스스로 '대막리지'에 올라 권력을 손에 넣었지.

■ 외교술이 뛰어난 김춘추

김춘추의 할아버지는 진지왕이고, 외할아버지는 진평왕이야. 그런데 진지왕이 왕위에서 쫓겨나는 바람에 김춘추는 평범한 귀족의 대우를 받았단다. 그러나 용모가 뛰어나고 말솜씨가 좋아 신라 제27대 왕인 선덕여왕에게 신임을 받았어. 특히 그는 군사력을 가진 김유신의 여동생과 결혼하여 세력을 크게 키워나갔어.

642년 여름 어느 날, 김춘추는 백제 의자왕의 공격으로 신라 대야성이 함락되고 성주 김품석 부부가 죽었다는 소식을 듣자 충격에 빠졌어. 김품석이 김춘추의 사위였거든. 딸과 사위를 잃은 김춘추는 피눈물을 흘리며 다짐했어.

'반드시 복수하겠다!'

그러나 신라에는 백제를 무찌를 만한 군사력이 없었어. 그는 원군을 청하려고 선덕여왕의 허락을 얻어 고구려로 떠났어. 뛰어난 외교력을 가진 그의 활동이 시작된 거야.

■ 연개소문과 김춘추의 운명적 만남

김춘추는 고구려의 수도인 평양성을 찾아가서 연개소문을 만났어. 연개소문은 환영하며 잔치를 베풀었지.

"얼마 전 백제의 의자왕이 우리 신라를 공격하여 40여 개의 성을 빼앗았습니다. 대야성 전투에서는 내 사위인 성주 품석과 내 딸을 죽이

기까지 했습니다. 원수를 갚고자 하오니 고구려에서 군사 지원을 해 주십시오."

김춘추가 찾아온 용건을 말하자 연개소문이 쏘아보며 입을 열었어.

"그러니까 우리 고구려와 동맹을 맺고 싶다는 거요?"

"그렇습니다. 고구려와 신라가 손을 잡자는 것입니다."

"좋소. 그러나 조건이 있소. 빼앗아 간 우리 땅, 마목현과 죽령을 돌려주시오."

조건이 있소!

신하가 어찌…

김춘추는 난처한 표정을 지었어.

"나는 신하의 몸인데, 어찌 영토 문제를 결정할 수 있겠습니까?"

김춘추가 거절하자 연개소문은 그를 감옥에 가두었어. 그러자 김춘추는 고구려 대신 선도해에게 뇌물을 바치고 감옥을 간신히 빠져나왔어.

■ 그 이후 역사는 어떻게 바뀌었을까?

연개소문과 김춘추의 회담이 실패로 끝나자 고구려와 신라는 적이 되어 버렸어. 이듬해 연개소문은 백제와 동맹을 맺고 함께 신라의 당항성(지금의 경기도 화성)을 빼앗았어. 당항성은 신라 사람들이 당나라로 갈 때 통과해야 하는 관문이었어.

위기를 느낀 신라는 김춘추를 당나라로 보내 도움을 청했어. 당나라 조정은 대군을 보내 도와주겠다고 약속했어.

645년, 연개소문은 당나라 태종이 10만 대군을 이끌고 고구려로 쳐들어오자, 온 힘을 다해 물리쳤어. 그 뒤로도 당나라가 네 차례나 더 침략했지만, 고구려는 잘 막아냈어.

그러나 고구려는 666년 연개소문이 세상을 떠난 뒤 급속하게 무너져 내렸어. 연개소문 아들들 사이에 권력 다툼이 일어나, 668년 신라·당나라 연합군에게 멸망하고 말았지.

연개소문과 김춘추는 당나라를 놓고 서로 다른 선택을 하면서 영원한 맞수가 되었어. 연개소문이 당나라와 끝까지 맞서 싸운 데 반해, 김춘추는 오히려 끌어들여서 백제와 고구려를 물리치고 삼국 통일을 완수했거든.

두 사람에 대한 평가는 시대에 따라 달랐어. 유교 이념이 지배하던 고려와 조선 시대에는 연개소문을 악인으로 평가했어. 왕을 죽이고 대국인 중국에 맞섬으로써 나라를 망쳤다는 거야.

그에 비해 김춘추는 성군으로 일컬었단다. 사대의 예를 다해 대국의 도움으로 삼국 통일을 이루었다는 거지.

그러나 민족의 자주정신을 중시하는 근대에 와서는 연개소문은 민족의 자존심을 지키며 당나라와 맞서 싸워 이긴 영웅으로, 김춘추는 외세를 끌어들여 우리 민족을 중국의 노예로 만들려 한 자로 평가하기도 해.

연개소문과 김춘추의 가상 대담

연개소문 그대가 마목현과 죽령을 돌려 달라는 내 제의를 받아들였다면 좋았을 텐데…….

김춘추 그것은 받아들이기 어려운 제안이에요. 그곳을 내주면 수도인 서라벌까지 곧장 진격할 수 있는 길이 열리는데요?

연개소문 허허, 회담 자리에서 고구려가 공격해 올 것을 미리 염려했다니…….

김춘추 오히려 고구려가 신라를 믿지 못한 게 아닐까요? 군사 지원을 해 달라는 나의 제의를 거절하더니, 곧바로 백제와는 동맹을 맺더군요.

연개소문 그건 아무것도 아니지. 신라는 당나라와 동맹을 맺지 않았소? 그대의 선택이 우리 고구려의 운명을 바꾸어 놓았지. 아무튼 탁월한 외교력에 박수를 보내오.

김춘추 당신은 당나라와 맞서 싸워 이겼지요? 다섯 자루의 칼을 차고 다니는 장군답게 말이에요. 정말 '엄지척!'입니다.

김유신 VS 계백

신라 김유신

백제 계백

660년 신라의 명장 김유신★이 이끄는 5만 대군과 백제의 마지막 영웅 계백★이 지휘하는 5천 명의 결사대가 황산벌에서 맞부딪쳤어. 나라의 운명을 좌우할 최후의 결전에서 승자는 누구였을까?

■ 김유신과 계백이 살던 시대에는 무슨 일이 있었나?

신라가 한강 유역을 손아귀에 넣자, 고구려와 백제는 동맹을 맺었어.

신라는 고구려의 적인 수나라와 한편이 되려고 했어. 수나라 역시 고구려와 네 차례나 전쟁했지만, 내리 졌기 때문에 신라와 손을 잡을 필요가 있었지.

그런데 수나라를 멸망시키고 중국 대륙을 차지한 당나라는 고구려 정벌을 꿈꾸었어. 그래서 당 태종은 30만 대군을 이끌고 고구려를 공격했지. 하지만 안시성 전투에서 패하여 철수할 수밖에 없었단다. 그 뒤에도 두 차례나 고구려를 쳤지만, 정벌에 실패하고 말았어.

한편, 백제는 의자왕이 왕위에 올라 신라를 여러 차례 공격했어. 신라에서 40여 개의 성을 빼앗는가 하면, 고구려와 손잡고 당항성을 공격하기도 했지. 위기를 느낀 신라는 당나라에 구원을 청했어. 그때 당나라는 고구려를 멸망시킬 방법을 찾고 있었단다.

신라와 힘을 합쳐 먼저 백제를 멸망시킨 뒤, 그다음에 고구려를 정벌하는 것이 어떨까? 이 방법은 태종 무열왕이 되는 신라의 김춘추가 제안한 것이었어. 당나라는 이 제의를 받아들여 백제를 치기 위해 660년 6월, 소정방이 거느리는 13만 대군을 보낸단다.

■ 삼국 통일을 꿈꾼 신라의 명장, 김유신

김유신은 고구려·백제·신라 삼국을 통일하는 데 큰 힘을 보탠 신라의 명장이야. 가야국의 시조 김수로왕의 12대 손이자, 금관가야 구형왕의 증손자이지. 신라 법흥왕 때 금관가야가 신라에 항복하면서 진골 귀족이 되었단다.

    김유신은 595년(진평왕 17년) 아버지 김서현과 어머니 만명부인의 아들로 태어났어. 그는 15세에 화랑이 되어 낭도들을 이끌었지.

    2년 뒤 김유신은 서라벌 서쪽 20여 리에 있는 중악산에서 열심히 무술을 닦았어. 그리고 틈틈이 석굴에 들어가 천지신명께 기도를 드렸지.

    "천지신명이시여, 우리 신라를 지켜 주십시오. 신라가 삼국 통일을 하여 이 땅에 평화가 이루어지게 해 주십시오."

    어느 날, 굵은 베옷을 입은 '난승'이라는 노인이 김유신을 찾아왔어. 김유신이 삼국 통일의 비법을 묻자 노인은 자세하게 가르쳐 주었단다. 그러고는 김유신에게 신령스럽고 귀한 보검 한 자루를 주었지.

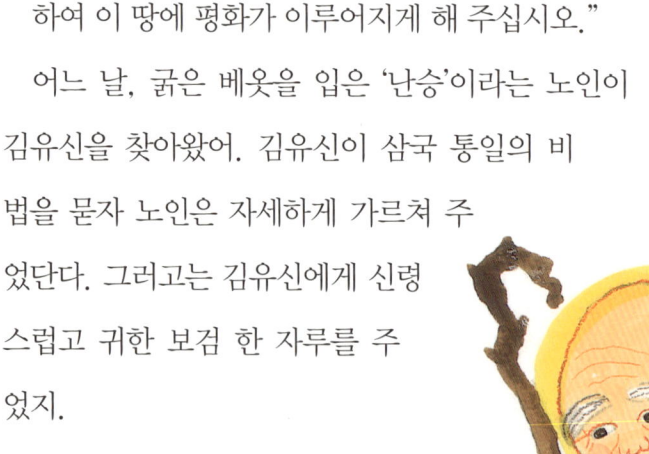

그 뒤 김유신은 학문과 검술을 닦는 데 더욱 정진했고, 10여 년이 흐른 629년 8월에 낭비성 싸움에 처음 출전했어. 그는 이 싸움에서 고구려군 진영으로 홀로 돌진하여 적장의 머리를 베어옴으로써 신라군의 승리에 기여했지.

김유신은 642년(선덕여왕 11년) 압량주(경산) 군주가 되었고, 644년 소판 벼슬에 올랐어. 같은 해 9월에는 상장군이 되어 백제의 가혜성 등 7개 성을 쳐 이기고 이듬해 1월에 개선했단다. 647년(진덕여왕 1년) 1월에는 대신 비담과 염종의 반란군을 토벌했지. 김유신은 명실공히 신라 제일의 장군으로서, 모든 전투에서 백전백승했어.

당시에 그는 여동생 남편인 김춘추와 손을 잡았어. 그리하여 신라에는 '군사 하면 김유신, 정치 하면 김춘추'라는 말이 나돌 정도였지.

백제 정벌 때, 김유신의 첩보 전술은 아주 뛰어났어. 백제의 대신 임자를 첩자로 만들어서 백제 조정을 손바닥처럼 들여다본 후에, 660년 군사를 일으키고 정벌에 나섰지.

■ 죽기를 각오하고 백제의 결사대를 만든 장군, 계백

계백은 백제 말기의 장군이야. 660년(의자왕 20년) 신라와 당나라의 연합군이 바다와 육지를 통하여 대대적으로 백제를 공격해 왔을 때, 계백은 황산벌에서 김유신의 군대에 맞서 싸웠어.

계백이 언제 어디서 태어났고, 어떻게 살아왔는지 전해지는 이야기는 없단다. 다만 〈삼국사기〉에 '계백이 벼슬길에 올라 직위가 달솔에 이르렀다.'고 기록되어 있어. 달솔은 백제의 16관등 가운데 2등급에 해당하는 벼슬이야. 이 벼슬은 주로 왕족이 맡았다고 해. 그러니 계백이 왕족이거나 신분이 높은 귀족 출신이었음을 알 수 있겠지?

제31대 의자왕은 백제의 마지막 왕이었어. 640년 아버지 무왕의 뒤를 이어 왕위에 오른 그는 처음에는 나라를 잘 다스렸어. 군사력을 키워 신라를 자주 공격해 많은 성을 빼앗았지. 그러나 의자왕은 임금이 된 지 15년을 넘기면서부터 사치와 향락에 빠져들었어. 나랏일을 제대로 돌보지 않고 술과 여자로 세월을 낭비했어. 날이 갈수록 백제는 국력을 잃어갔어. 멸망의 길이 멀지 않았다고 예언하는 사람도 있었어.

660년 드디어 신라와 당나라의 연합군이 백제를 공격해 왔어. 김유신이 이끄는 신라 군사 5만 명은 탄현을 넘어 황산벌을 향해 진군해 오고, 소정방이 지휘하는 당나라 군사 13만 명은 금강을 거슬러 올라와 백마강에 진을 쳤지. 의자왕은 뒤늦게 이 소식을 듣고 정신이 번쩍 들어, 새벽에 궁궐로 계백 장군을 불렀어.

"장군에게 5천 군사를 주겠소. 적군을 막아 주시오."

계백은 5천 결사대를 이끌고 황산벌로 나가기 전에 집에 잠시 들렀어.

"5천 결사대가 무너지면 백제가 망하고, 우리 가족은 평생 신라 사람들의 종노릇을 하며 살아야 할 것이다. 그것은 차라리 죽는 것만도 못하다."

계백은 이렇게 말하며 긴 칼로 아내와 자식들을 모두 베어 죽이고 전쟁터로 떠났단다.

■ 김유신의 군대와 계백의 군대가 맞서 싸운 황산벌 전투

660년 8월 20일, 계백은 5천 결사대를 이끌고 황산벌에 이르렀어. 그는 최후의 결전을 앞두고 병사들을 둘러보며 말했어.

"병사들은 들어라. 나라의 운명을 좌우할 결전의 순간이 다가왔다. 이 나라가 망하느냐, 망하지 않느냐는 그대들의 손에 달려 있다. 지난날 월나라 왕 구천은 불과 5천 명의 군사로 오나라의 70만 대군을 물리쳤다. 우리 역시 죽을힘을 다해 싸운다면 적군을 모조리 쳐부술 수 있을 것이다."

계백의 외침에 5천 결사대는 사기가 하늘을 찌를 듯이 높아져 일제히 함성을 질렀어.

"와! 우리나라를 지키자!"

"와! 신라군을 쳐부수자!"

이윽고 김유신이 이끄는 신라의 5만 군사가 황산벌에 도착했어. 백제 군과 신라군은 서로 뒤엉켜 싸우기 시작했어. 황산벌은 금세 피바다가 되었지.

계백이 지휘하는 5천 결사대는 죽기를 각오하고 싸웠어. 신라군은 죽음을 두려워하지 않는 백제군을 당할 수가 없었어. 이들은 네 차례 전투에서 모두 패하고 말았단다.

이렇게 되자 신라는 사기가 떨어졌어. 전투에 앞서 병사들의 사기를 올려놓는 것이 필요했어. 김유신과 부하 장수들은 특별한 방법을 사용했어. 김유신의 동생 흠춘 장군은 아들 반굴을 백제군 진영에 보내 죽

게 하고, 김품일 장군 역시 아들 관창을 적진에 뛰어들게 한 거야.

16세의 화랑 관창은 백제군과 싸우다가 사로잡혔어. 계백이 투구를 벗겨 보니 신라 병사가 어린 소년인 거야. 그는 관창을 신라 진영으로 다시 돌려보냈어. 하지만 관창은 또다시 적진에 뛰어들었다가 포로가 되었어. 계백은 관창의 목을 베어 말안장에 달아 신라 진영으로 보냈어.

어린 관창의 머리를 보자 신라군의 사기가 살아났어. 관창의 원수를 갚자며 백제 진영으로 질풍같이 쳐들어간 거야. 결국 백제의 5천 결사대는 신라군에게 크게 패했어. 백제의 마지막 영웅 계백도 이때 최후를 맞았단다.

■ 그 이후 역사는 어떻게 바뀌었을까?

김유신이 이끄는 신라의 5만 군사는 계백의 5천 결사대를 황산벌에서 무찌르고 백제의 수도 사비성(부여)을 향해 나아갔어. 이들은 소정방이 지휘하는 당나라 군사 13만 명과 합류했어.

전세가 불리해지자, 의자왕은 첫째 아들인 왕자 효를 데리고 웅진성(공주)으로 피신했어. 사비성에 남아 나당 연합군과 싸운 것은 둘째 아들인 왕자 태였어. 그러나 태 역시 얼마 버티지 못하고 도성을 내주고 말았단다.

얼마 뒤 의자왕이 사비성으로 돌아왔어. 그는 항복의 표시로 신라의 태종 무열왕과 당나라의 소정방에게 술잔을 올려야 하는 굴욕을 당해야 했어. 이로써 678년의 역사를 자랑하던 백제는 역사의 무대에서 사라지게 되었단다.

백제를 멸망시킨 김유신은 668년(문무왕 8년) 나당 연합군을 결성했어. 그는 총사령관으로서 경주에 남아 김인문·김흠순 등을 보내어 고구려를 멸망시켰어. 삼국 통일이라는 어린 시절의 큰 꿈을, 73세의 나이에 이루게 된 거야.

계백은 비록 졌지만, 후세 사람들은 그를 한결같이 '백제의 충신'이라고 말해. 유교의 충(忠) 정신을 지켰다고 하면서 그를 충신의 대명사로 보고 있단다.

김유신과 계백의 가상 대담

김유신   역사에 기록되지는 않았지만, 나는 전쟁터에서 백전백승을 거두었으면서도 계백 장군만 만나면 고양이 앞의 쥐가 되었지요. 맥을 못 추고 당하기만 했어요.

계백   내가 김유신 장군에게 강했던 것은 사실이에요. 신라와 당나라 연합군이 사비성을 향해 진격할 때, 의자왕은 당나라 군이 아니라 신라군을 상대하라고 명령했지요. 내가 김유신 장군에게 아주 강하다는 사실을 알았기 때문에 그런 거지요.

김유신   황산벌에서 네 차례 전투에 내리 지고 말았지요. 그래서 작전을 바꾸어 장군의 아들들을 적진으로 뛰어들게 했어요.

계백   당시의 일을 생각하면 지금도 가슴이 철렁 내려앉습니다. 투구를 벗겨 보니, 뽀얀 얼굴에 솜털이 돋은 어린 소년이었어요. 그때 내가 무슨 생각을 했는지 아시오?

김유신   모르겠습니다. 말씀해 보시지요.

계백   신라에는 용맹스러운 사람이 많은가 보다. 어린 소년이 저

정도라면 어른들은 볼 것 없지 않은가? 솔직히 말해서 절망감을 느꼈소. 신라를 꺾는 것이 불가능해 보였소.

김유신 하하하, 내 작전이 성공했군요. 아무튼 당신 같은 장수를 적장으로 만나 영광입니다.

계백 나도 영광입니다. 삼국 통일을 이룩한 명장을 만나서……. 신라가 외세를 끌어들인 것은 유감이나, 한반도를 통일했으니 당신은 영웅입니다.

궁예 VS 왕건

궁예, 견훤, 왕건*은 후삼국 시대를 이야기할 때 빼놓을 수 없는 인물들이야. 그중 궁예와 왕건은 시대의 맞수로서 역사에 큰 발자취를 남겼어. 궁예가 후고구려를 세우고 견훤과 함께 후삼국 시대를 열었지만, 최후 승자가 된 사람은 왕건이었어. 왕건은 궁예를 몰아내고 후삼국을 통일했어.

고려 태조 왕건

■ **궁예와 왕건이 살던 시대에는 무슨 일이 있었나?**

통일신라는 9세기가 되면서 점점 힘이 약해졌어. 중앙에서는 귀족들이 권력 다툼을 벌였고, 지방에서는 탐관오리들이 백성들을 괴롭혔지.

농사지을 땅조차 없는데 세금까지 많아서, 농민들은 살아갈 길이 막막했어. 그들은 견디다 못해 결국 반란을 일으켰어. 889년(진성여왕 3년), 사벌주(상주)에서 원종과 애노의 난을 시작으로 전국 곳곳에서 잇따라 반란이 일어났단다.

지방에서는 호족들이 군사를 일으켰는데, 그중 견훤과 궁예가 가장 세력이 컸어. 상주 농민 출신인 견훤은 완산주(전주)에서 농민 봉기를 일으켜 무진주(광주)를 점령한 뒤 900년 후백제를 세웠어. 그리고 궁예는 이듬해에 후고구려를 세움으로써 견훤과 함께 후삼국 시대를 열었지. 그 뒤 궁예의 부하였던 왕건이 궁예를 몰아내고 고려를 세워 후삼국을 통일한단다.

■ 후고구려를 세운 궁예

후고구려를 세운 궁예는 승려를 지냈는데, 본래는 신라의 왕자 출신이야. 아버지는 신라 제47대 헌안왕이고, 어머니는 궁녀였지.[1]

궁예가 태어나던 날, 지붕 위에 무지개 모양의 흰빛이 길게 드리워졌다고 해. 하늘을 관측하는 일관이 아기가 나라에 해를 끼칠 것이라고 아뢰자, 임금은 자객을 보내 죽이라고 명령했어. 자객은 아기를 위층에

---

[1] 궁예가 제48대 경문왕의 아들이라는 설도 있다.

서 아래층으로 던져 버렸어.

이때 아래층에 있던 유모가 아기를 얼른 받았어. 하지만 실수로 손가락으로 눈을 찌르는 바람에 아기는 애꾸눈이 되었어. 유모는 깊은 산속으로 도망가서 정성을 다해 아기를 길렀어.

궁예는 10세에 강원도 영월의 세달사로 가서 중이 되었어. 그 뒤 나라 곳곳에서 반란이 일어나자 절을 떠나서 도적 기훤·양길 등의 부하가 되었어. 이때 그는 활 솜씨가 뛰어나 '활을 잘 쏘는 사람의 후예'라는 뜻인 '궁예'라는 이름을 얻게 되었단다.

궁예는 점점 세력을 키워 901년 마침내 나라를 세워 '후고구려'라 하고, 수도를 송악(개성)으로 정했어. 그리고 904년에는 나라 이름을 '마진'으로 고치고 이듬해에 수도를 철원으로 옮겼어. 911년에는 나라 이름을 '태봉'으로 바꾸었어.

태봉의 세력은 신라와 후백제를 능가했어. 그리하여 철원을 중심으로 강원도·경기도·황해도의 대부분과 평안도·충청도 일부를 지배하는 큰 나라로 발전했단다.

■ **궁예의 부하 장수로서 가는 곳마다 승리를 거둔 왕건**

왕건은 경기도 송악(개성)의 호족이었던 왕륭의 아들이야. 왕건은 17

세에 이름난 승려 도선 밑으로 들어가서 2년 동안 병법과 천문지리, 무술 등을 익혔어.

왕건은 20세부터는 아버지 왕륭의 뜻에 따라 궁예를 섬겼어. 궁예는 왕륭을 금성(김화의 금성) 태수로 삼았어. 그리고 비록 나이가 어리지만, 뛰어난 무술 솜씨를 지닌 왕건에게는 장군의 직분을 주었어.

왕건은 과연 빼어난 장수였어. 899년 북원의 양길을 무찌르더니, 900년에는 광주·충주·청주·당성(남양)·괴양(괴산) 등을 차례로 점령했어. 903년에는 수군을 이끌고 후백제 땅인 금성을 공격하여 10여 고을을 빼앗았어.

왕건의 활약에 힘입어, 궁예의 세력은 나날이 커졌어. 그리하여 마침내 후고구려를 세우고 스스로 왕이라 칭했지.

왕건은 전쟁터에 나가서 탁월한 전략과 용병술로 계속 승리했지만, 자신의 공로를 앞세우지 않았어. 언제나 부하 병사들을 먼저 배려했지. 913년 최고의 벼슬인 시중이 되어서도 그는 포용력으로 아랫사람들을 잘 거느렸기에, 궁예의 비위를 거스르지 않았어.

■ 왕건, 포악한 궁예를 몰아내고 고려를 세우다

궁예는 왕이 되기 전에는 부하들과 어려움을 같이 나누었어. 전쟁터에서 전리품을 얻어도 혼자 차지하지 않고, 부하들에게 골고루 나누어 주었어. 그래서 부하들은 존경하고 따랐으며, 점령지의 호족들도 그에게 충성을 맹세했어.

그러나 궁예는 왕이 되자 달라졌어. 점점 사치를 부리기 시작했으며 성격도 포악해졌어. 그는 신라를 몹시 미워하여 그곳에서 귀순해 오는 사람들을 모조리 죽였어. 또한 스스로 '미륵불'이라 부르며 미륵불 행세를 했어.

궁예는 사람의 마음을 읽는 관심법을 익혔다고 주장했어. 그래서 역

나는 마음이 다 보인다!

모를 꾸몄다며 죄 없는 사람을 하루에도 수백 명씩 반란죄로 죽였어. 궁예는 잔인하기 짝이 없었어. 자기를 비판했다는 이유로 부인 강 씨와 두 아들까지 처참하게 죽였단다.

918년 6월 14일 밤, 신숭겸·홍유·복지겸·배현경 등 네 명의 장군이 왕건의 집을 찾아왔어.

"밤이 깊었는데, 그대들이 웬일이오?"

"긴히 의논드릴 일이 있어서……. 미치광이 임금 때문에 나라꼴이 말이 아닙니다. 이러다가는 견훤에게 나라를 빼앗기고 말 것입니다."

"그렇습니다. 나라를 구하고 백성을 살리려면 새 임금을 모셔야 합니다."

"우리를 다스릴 분은 대감밖에 없습니다. 저희의 임금이 되어 주십시오."

그러나 왕건은 장군들의 간청을 거절했어.

"안 될 말이오. 신하가 임금을 배반하다니, 나는 그럴 수 없소!"

그때 유씨 부인이 급히 들어와 말했어.

"대감! 임금을 잘못 만나 백성이 괴로움을 당하고 있는데, 의리가 무슨 소용 있습니까? 지금의 기회를 놓쳐서는 안 됩니다. 어서 하늘의 뜻을 따라 주십시오."

왕건은 부인의 말을 거역할 수 없었어. 모두 옳은 말이기 때문이야.

그날 밤 네 장군과 함께 군사를 일으킨 왕건은 궁예를 몰아내고 왕의 자리에 올랐어. 그는 나라 이름을 '고려'라 하고 도읍을 송악으로 정했지.

■ 그 이후 역사는 어떻게 바뀌었을까?

궁예는 왕건이 군대를 이끌고 쳐들어온다는 소식을 듣고 소스라치게 놀랐어.

"왕건이 나를 배신했다고? 그렇다면 다 끝났구나. 그와 맞서 봐야 이길 수가 없어."

궁예는 변장하고 궁전을 빠져나와 산속으로 숨어 들어갔어. 여기저기 도망 다니다가 배고픔을 못 이겨 이삭을 훔쳐 먹었어. 그러나 궁예의 도피 생활은 오래가지 못했지. 궁예는 강원도 부양(평강)에서 농민들에게 붙잡혀 목숨을 잃고 말았단다.

궁예가 몰락의 길을 걸었던 것은, 지방의 호족들을 무시하고 자신이 직접 나라를 통치하는 중앙 집권 정책을 추진했기 때문이야. 그런 이유에서 수도도 호족의 근거지인 송악에서 자신이 손바닥처럼 들여다볼 수 있는 철원으로 옮겼던 거지. 호족들은 반발하고 포학한 폭군을 몰아내겠다며 발 벗고 나섰어.

그러나 왕건은 궁예와 달리 왕위에 오르자마자 호족들에게 선물을 보냈어. 자기와 뜻을 같이하는 호족에게는 땅을 주고, 딸과 결혼하여 혈연관계를 맺었어. 왕건은 소득의 절반을 내던 세금을 10분의 1로 줄여서 민생을 안정시켰어. 또한 많은 절을 세우고 불교를 호국 신앙으로 삼았어.

대외적으로는 화합 정책을 펼쳐 경순왕에게 신라를 넘겨받았으며, 후백제를 공격하여 936년에는 마침내 후삼국을 통일했어.

왕건이 세운 고려는 1392년 이성계가 조선을 건국하기까지 474년 동안 이어졌단다.

궁예와 왕건의 가상 대담

궁예   왕 장군은 고려를 세워 왕이 되었지만, 내 밑에서 오랫동안 신하 노릇을 했으니 말을 놓겠네. 불만은 없겠지?

왕건   제가 어떻게 폐하께 불만을 갖겠습니까? 예전처럼 저를 편하게 대해 주십시오.

궁예   자네는 예나 지금이나 사람이 좋군.

왕건   좋게 봐주시니 감사합니다.

궁예   왕 장군은 부인이 무려 29명이나 된다지? 자녀는 34명이나 되고……. 그게 다 호족들과 좋게 지내려고 그들의 딸들과 정략결혼을 해서겠지?

왕건   송구스럽습니다. 호족들과 전쟁을 벌여 자기편으로 만드는 것보다 정략결혼이 낫다고 생각했습니다. 적어도 피를 흘리는 희생은 없지 않습니까?

궁예   왕 장군다운 생각이야. 후백제의 견훤이 아들들에게 감금되었다가 탈출했을 때도 따뜻하게 맞아 주었다지? 신라의 경순왕은 사랑으로 대하여 스스로 항복하게 만들고…….

왕건   부끄럽습니다. 폐하께서도 나라를 세우시기 전에는 부하들

궁예	을 잘 대해 주셨지요. 저도 폐하의 은혜를 입은 몸입니다. 나는 왕이 된 뒤에는 부끄러운 짓을 많이 했네. 사람의 마음을 읽는 관심법을 익혔다면서 죄 없는 사람들을 죽음으로 내몰았으니……. 요즘은 그동안 지은 죄를 참회하며 지낸다네.
왕건	폐하를 쫓아내어 돌아가시게 해서 가슴이 아픕니다. 동기야 어찌 되었든, 두고두고 회개하며 살겠습니다.

서희 VS 소손녕

성종 때 발해를 멸망시킨 거란이 고려를 침략했어. 그 때 서희★ 장군은 적장 소손녕과 담판을 벌여 거란군을 철수시켰지. 고려의 운명을 결정한 최고의 외교전으로 꼽히는 그 역사 현장으로 가 볼까?

고려의 외교관 서희

■ 서희와 소손녕이 살던 시대에는 무슨 일이 있었나?

왕건이 936년 고려를 세웠을 그 무렵, 중국 대륙과 만주는 여러 나라로 분열된 채 혼란기를 겪고 있었어.

중국 대륙에서는 당나라가 무너지고 5대 10국의 뒤를 이어 960년 송나라가 세워졌단다. 만주에서는 당나라 말기에 거란의 야율아보기가 여러 부족을 통일하고 916년 거란국을 세웠지. 거란은 점점 세력을 키워 발해를 정복했으며, 938년 지금의 베이징 지역까지 땅을 넓힌 후 나라 이름을 '요'라고 했어.

고려는 발해를 멸망시킨 거란을 적대시했어. 942년(태조 25년) 거란이 사신을 보내 낙타 50필을 바치며 화친을 청하자, 왕건은 일행 30명을 귀양 보내고 낙타들을 개성의 만부교 아래에서 굶겨 죽였단다. 왕건은「훈요십조」[2]에서 거란을 '금수의 나라'라 부르며 후손들에게 가까이 하지 말라고 명했지.

거란은 중국 대륙을 넘볼 만큼 강한 나라로 성장했어. 따라서 거란의 입장에서는 송나라를 공격하기 전에 송나라와 친하게 지내는 고려를 정벌하여 자기편으로 만들 필요가 있었어. 마침내 거란은 993년(성종 12년) 소손녕에게 대군을 주어 고려를 침략하게 했단다.

■ 고려 최고의 외교관, 서희

서희는 고려 초기의 문신이자 장군, 외교관이야. '서희' 하면 누구나 '외교 담판'을 떠올릴 만큼, 그는 고려 최고의 외교관이자 우리 역사상

---

2) 훈요십조: 고려 태조 왕건이 후손에 전한 정치 지침서로, 역대의 왕은 이에 의하여 정치를 하였다.

최고의 협상가였어.

서희는 942년(태조 25년)에 서필의 둘째 아들로 태어났어. 할아버지 서신일은 이천 지방의 토착 호족인데, 통일신라 때 지금의 부총리인 아간대부 벼슬을 지냈어. 아버지 서필은 지금의 국무총리인 종1품 내의령 자리에 앉으면서 중앙 정계에 진출했어. 서희도 960년(광종 11년) 문과에 급제해 뒷날 지금의 국무총리인 종1품 내사령이 되었어. 아들 서눌과 서유걸도 수상인 문하시중과 재상인 좌복야에 올랐으니, 서희의 집안은 명문 집안이라 할 수 있겠지?

서희는 어려서부터 아버지를 닮아 성실하고 엄격했다고 해. 생활 습관이 검소하고 소박하여 사치를 좋아하는 광종에게 바른말을 많이 했다는구나.

서희가 외교관으로서 뛰어난 협상 능력을 발휘한 것은 972년(광종 23년), 송나라에 사신으로 갔을 때였어. 당시 고려는 송나라와 10여 년간 외교가 단절되어 있었어. 그런데 서희가 그곳에 가서 외교를 정상화하는 큰 성과를 거두었지.

거란이 고려에 쳐들어왔을 때도 서희는 상군·중군·하군의 3개 부대 가운데 중군을 지휘하는 중군사에 임명되어 뛰어난 협상 능력을 보였어.

993년 10월, 소손녕이 이끄는 거란의 대군이 고려를 침공해 봉산군을 함락시켰어. 고려 조정의 대신들은 겁을 먹고 거란에게 항복하려고 했어. 또 어떤 이는 서경(평양) 이북의 땅을 넘겨주고 화의하자고 했어.

성종은 서경 이북의 땅을 거란에게 넘겨주려고 결심했어. 그래서 서경의 곡식 창고를 풀어 백성들에게 나누어 주고 남은 곡식은 대동강에 버리기로 했어. 그러자 서희가 성종에게 달려와서 설득했어.

"어째서 쌀을 버리십니까? 양식이 넉넉해야 전쟁에서 이길 수 있습니다."

성종은 서희의 말을 옳게 여겨서 거란군과 싸우기로 했단다.

■ 거란군 80만 대군을 이끌고 왔다고 큰소리친 소손녕

소손녕은 거란의 장수이며, 이름은 항덕이야. 그는 1018년(현종 9년) 귀주대첩에서 강감찬 장군에게 크게 패한 소배압의 동생이기도 해.

소배압은 요나라[3) 경종의 딸인 위국 공주와 결혼했고, 소손녕은 983년 경종의 막내딸 월국 공주와 결혼하여 부마도위가 되었어.

소손녕은 986년, 송나라 장수 조빈이 거란을 공격해 왔을 때 공을 세워 동경(지금의 랴오양) 유수가 되었고, 989년 성종이 송나라를 공격할

---

3) 요나라: 10~12세기에 거란족이 중국 북방의 네이멍구 지역을 중심으로 세운 왕조. 916년 건국 당시의 명칭은 거란국이었으나, 938년 연운 16주를 획득한 뒤 나라 이름을 '요'로 칭하였다.

때 선두에서 용감하게 싸웠어.

993년, 소손녕은 대군을 거느리고 고려에 쳐들어왔어. 그는 압록강을 건너 봉산군에서 고려군을 무찔렀어. 그리고 고려군의 선봉장인 윤서안을 포로로 잡았지. 하지만 소손녕은 더 이상 진격하지 않고 고려 조정에 편지를 보내 항복하라고 요구했어.

"80만 대군이 왔다. 왕과 신하들은 대동강에 나와 항복해라. 내 말을 듣지 않으면 모두 쓸어버릴 것이다."

그러나 80만 대군이라고 한 것은 소손녕의 허풍이었어. 동경 유수가 거느린 군대가 6만 명이니, 사실 10만 명을 넘을 수 없었지.

소손녕은 고려에게 항복 문서가 오지 않자 안융진을 공격했어. 그때 고려의 내사시랑인 서희가 거란과 담판을 벌이기 위해 소손녕을 만났단다.

■ 서희와 소손녕의 담판

서희가 거란군의 진영에 도착하자, 소손녕이 기를 죽이려는 듯 큰 소리로 말했어.

"나는 큰 나라의 귀인이다. 작은 나라의 신하가 어찌 고개를 뻣뻣이 들고 들어오는가? 뜰로 나가 먼저 내게 절하라!"

그러나 서희는 당당하게 말했어.

"신하가 임금을 대할 때만 절하는 것이다. 두 나라의 신하가 만났는데 어찌 그럴 수가 있겠는가?"

서희는 그대로 돌아가 버렸어. 소손녕은 할 수 없이 서희를 불러들여 뜰에서 마주 서서 절을 했어. 그리고는 자기 방으로 들어가 서희와 마주 앉아 회담을 시작했단다.

"너희 나라는 옛 신라 땅에서 생겨났고, 옛 고구려 땅은 우리의 것이다. 그런데 고려는 어찌하여 우리 영토를 넘보는가?"

소손녕이 따져 묻자 서희는 고개를 가로저었어.

"그렇지 않다. 우리나라 이름이 왜 고려이겠는가? 우리는 고구려를 이은 나라이므로 서경(평양)을 수도로 삼았다. 국경 문제를 가지고 말하면, 만주는 모두 옛 고구려의 땅이니, 오히려 거란이 우리 땅을 차지하고 있는 것이다. 그뿐만 아니라 압록강 지역도 우리 땅에 속한다. 그런데 지금 여진이 그 지역을 차지하여 길을 막고 있으니, 그대 나라와 교류하고 싶어도 방법이 없다. 여진을 몰아내고 우리의 옛 땅인 그 지역을 돌려준다면 우리도 그대 나라와 교류하며 친하게 지낼 것이다."

서희는 고려의 수도가 개경이지만 서경이라고 거짓말했어. 물론 자신의 주장을 뒷받침하기 위해서였지.

소손녕은 서희의 말을 더 이상 반박하지 못했어. 그는 회담 내용을 그대로 거란의 성종에게 보고했어. 성종은 서희의 요구를 들어주고 고려와 화의한 뒤 군대를 철수하라고 명령했어.

　그리하여 서희는 거란에게 압록강 지역의 강동 6주, 즉 흥화진(의주)·용주(용천)·통주(선천)·철주(철산)·귀주(구성)·곽주(곽산)를 얻어 냈단다. 서희의 외교로 고려의 영토가 압록강까지 늘어났지.

■ 그 이후 역사는 어떻게 바뀌었을까?

거란이 강동 6주를 고려에 넘겨주었는데, 거기에는 한 가지 조건이 있었어. 고려가 송나라와 외교 관계를 끊고 거란과만 교류해야 한다는 것이었어. 고려가 송나라와 손을 잡고 거란의 후방을 공략할까 봐 두려웠기 때문이지. 하지만 고려는 거란과 화친을 맺은 뒤에도 송나라와의 외교 관계를 끊지 않았어.

거란은 고려에 넘겨준 강동 6주의 중요성을 깨닫게 되었어. 강동 6주는 군사적으로 중요한 곳인 데다, 고려·송나라·여진·거란이 함께하는 무역의 중심지였어. 거란은 강동 6주를 다시 찾기 위해 고려로 쳐들어갈 기회를 노리기 시작했어.

그러던 중 고려의 서북면 도순검사인 강조가 목종 임금을 죽이고 새 임금 현종을 세운 정변이 일어났단다. 거란의 성종은 강조의 죄를 묻는다는 구실로 1010년(현종 1년), 40만 대군을 이끌고 고려로 쳐들어왔어. 이것이 거란의 2차 침략이야.

강조는 30만 대군을 이끌고 통주에서 거란과 맞서 싸웠어. 그러나 그는 크게 패하여 거란군에게 사로잡히고 말았지. 거란군의 공격으로 고려의 수도인 개경이 함락되었어. 거란군은 강동 6주를 돌려주고 고려의 왕이 뒷날 요나라에 와서 성종을 알현한다는 조건으로 군대를 철수했단다.

그러나 고려는 왕이 아프다는 핑계를 대어 요나라에 가지 않았고, 강동 6주도 돌려주지 않았어.

1018년(현종 9년), 소배압이 이끄는 10만 대군이 다시 고려를 공격해 왔어. 이것이 바로 거란의 3차 침입이야. 하지만 거란은 강감찬 장군의 귀주대첩으로 크게 패했지. 거란 병사 가운데 살아 돌아간 사람은 겨우 수천 명뿐이었어.★

강감찬 장군

거란은 이렇듯 세 차례나 고려를 침입했지만, 끝내 강동 6주를 돌려받지 못했어. 그 뒤 1019년 화약을 맺어, 거란이 망하기까지 두 나라는 100여 년 동안 평화롭게 지냈어. 비록 형식적으로는 거란에 사대했지만, 고려는 자주국방을 강화하여서 지배를 당하지는 않았어.

서희와 소손녕의 가상 대담

서희   소 장군, 안녕하십니까? 우리가 993년에 만났으니 천년 세월을 훌쩍 뛰어넘어 상봉을 한 것이죠?

소손녕   그렇지요. 서 장군께서는 옛날 모습 그대로군요.

서희   하하, 소 장군도 마찬가지예요. 하나도 변하지 않았어요.

소손녕   거짓말인 줄 알면서도 기분이 좋은걸요. 서 장군은 옛날이나 지금이나 말씀을 잘하시는군요.

서희   사실, 말솜씨가 별로 없어요. 대신 진실을 전하려고 노력하는 편이지요. 우리가 회담에 성공한 것도 서로의 진실이 통해서가 아닐까요?

소손녕   오랜만에 만났으니 오늘은 쓴소리 좀 할까요? 우리 거란은 화친을 맺으려고 사신 30명과 낙타 50필을 태조대왕께 바친 적이 있습니다. 하지만 태조대왕은 사신을 모두 귀양 보내고 낙타들을 개성의 만부교 아래에서 굶겨 죽였습니다. 아무리 거란이 밉더라도 어떻게 그럴 수가 있습니까?

서희   외교 사절이 보내온 낙타를 굶겨 죽이고, 사신들을 귀양 보낸 일은 결코 잘한 건 아니지요. 하지만 거란이 발해를 멸망시켜 그 복수심에 불타 저지른 일이에요. 오죽하면 태조대왕께서 거란을 '금수의 나라'라 부르며 가까이하지 말라고 명령하셨겠습니까?

소손녕 그렇게 원수처럼 지내던 두 나라가 담판을 벌여 외교 관계를 맺었지요? 우리가 이루어낸 큰 승과입니다.

서희 어쨌든 다시 만나서 반갑습니다.

소손녕 고맙습니다. 싸우지 않고 그만한 성과를 얻어냈다는 건 칭찬받을 일이지요. 서 장군께 고맙다는 인사를 전하고 싶습니다.

묘청 VS 김부식

김부식

고려 시대 승려 묘청은 개경(개성)의 운세가 다하였다며 서경(평양)으로 수도를 옮겨야 한다고 주장했어. 하지만 김부식이 반대하고 나섰지.★

그러자 묘청은 반란을 일으켜 전쟁까지 벌였단다. 이번에는 고려 역사를 뒤흔든 두 맞수의 맞대결을 알아볼까?

■ 묘청과 김부식이 살던 시대에는 무슨 일이 있었나?

여진족은 고려 초기만 해도 고려를 부모의 나라로 섬겼어. 하지만 점점 세력이 커져서 금나라를 세우기에 이르렀어. 금나라는 요나라를 정벌하고, 고려에는 군신 관계를 강요했어.

그즈음 고려에서 권력을 잡은 사람은 문벌 귀족인 이자겸이었어. 문벌 귀족은 지방 호족이 왕실과 혼인하여 대를 이어 권력을 누려온 특권층이야. 이자겸은 왕실에 다른 외척이 생길까 봐 두려워 둘째 딸을 예종의 비로 삼게 했어. 그리고는 셋째와 넷째 딸은 예종의 아들인 인종의 비로 삼았어.

그러나 1126년, 이자겸은 인종이 자신을 견제하려 하자 심복 척준경과 함께 최탁 등 반대파를 해치우고 궁궐에 불을 질렀어. 이 사건을 '이자겸의 난'이라고 불러. 그 뒤 이자겸은 한동안 권력을 지켰지만, 척준경이 인종의 편이 되어 맞서는 바람에 권력을 잃고 말았지.

이자겸의 난 이후 나라 안 정세가 심상치 않게 돌아갔어. 지배 계층에서는 문벌 귀족과 신진 관료들 사이에 다툼이 일어났고, 개경의 기운이 다했다는 소문도 퍼지기 시작했어. 그때 수도를 개경에서 서경으로 옮기자고 주장한 사람이 묘청이야.

■ 수도를 개경에서 서경으로 옮기자고 주장한 묘청

묘청은 서경의 승려였어. 뒷날 그는 이름을 '정심'으로 바꾸었어. 어디서 나서 자랐는지 기록된 것은 없지만, 묘청은 풍수지리에 밝았다고 해.

1127년의 어느 날, 서경 출신 관리들인 정지상 등이 인종에게 이렇게 말했어.

"전하, 묘청은 성인이라 할 만한 인물입니다. 그의 제자인 백수한도 그에 못지않은 인재이지요. 이들을 왕실 고문으로 뽑아 나랏일에 대해 의견을 묻는다면 좋은 성과가 있을 것입니다."

"그런 훌륭한 인재가 있다면 당연히 뽑아야지."

인종의 승낙으로 묘청은 왕실 고문이 되었어. 묘청은 이때부터 나랏일에 대해 의견을 내놓게 되었어. 하루는 묘청이 인종에게 이렇게 건의했어.

"개경은 우리나라의 수도이지만, 운세가 다하였기에 나라가 어려움에 처해 있습니다. 서경에 새로운 궁궐을 짓고 수도를 옮긴다면, 금나라를 비롯하여 주변의 36개 나라가 모두 우리 고려에 항복할 것입니다."

인종은 묘청의 말을 듣자 귀가 솔깃했어. 그래서 1128년 11월부터 이듬해 2월까지 서경에 새 궁궐인 대화궁을 지었단다.

그런데 서경 천도를 앞두고 인종이 대화궁으로 행차했을 때 뜻하지 않은 재난이 일어났어. 대화궁 근처에 벼락이 떨어지고, 인종이 뱃놀이 하는 대동강 가에 갑자기 폭풍이 불어 닥친 거야.

이에 서경 천도를 반대하던 김부식 등 대신들이 인종에게 상소를 올렸어.

"서경으로 수도를 옮기자는 묘청의 요망한 말에 속지 마옵소서. 묘청은 엉터리 미신을 퍼뜨리고 있습니다. 서경에 운세가 성하다면 어찌 이런 천재지변이 연이어 일어나겠습니까?"

인종은 김부식을 비롯한 개경 세력의 반대에 부딪히자 서경 천도를 포기했어. 그리하여 묘청이 추진하던 일은 좌절되고 말았단다.

■ 유교 이념을 철저히 지켰던 김부식

김부식은 고려 시대의 정치가·유학자·역사가·문학자야. 우리나라에서 가장 오래된 역사책인 〈삼국사기〉를 쓴 인물로 유명하지.

김부식은 신라 왕실의 후예로, 문벌 귀족 집안에서 태어나 자라났어. 그의 다섯 형제는 모두 과거에 급제하여 벼슬길에 올랐지. 김부식은 1096년(숙종 1년) 과거에 급제한 뒤 안서대도호부 사록참군사를 시작으로 20여 년 동안 한림원 등에서 관리로 일했어.

송나라 사신으로 고려에 왔던 서긍은 자신이 지은 책인 〈고려도경〉에서 김부식을 이렇게 썼어.

"김부식은 덩치가 크고 얼굴이 검으며 눈이 튀어나왔다. 하지만 박학다식하고 문장이 뛰어나 학사들에게 신망을 얻고 있다. 학자로서 그보다 뛰어난 사람은 찾아볼 수 없었다."

김부식은 한림원에서 학문을 배우고 문장을 수련하여 고문의 대가가 되었지. 그는 유교 경전과 중국 역사에 두루 통달했어.

김부식은 잘못된 것을 보면 참지 못하는 대쪽 같은 성품을 지녔어. 당시에 권력을 쥐고 있는 사람은 이자겸이었어. 어느 날 조정 대신들이 모여 이자겸의 생일을 인수절로 정하자고 하자, 김부식이 반대 의견을 내놓았어.

"중국 역사를 살펴보더라도 신하의 생일을 '절'로 정한 경우는 없습니다. 왕의 생일 외에는 '절'로 정할 수 없습니다."

결국 인수절은 김부식의 반대로 받아들여지지 않았지.

묘청이 풍수지리설에 따라 수도를 서경으로 옮기자고 주장했을 때도 김부식은 결사반대했어. 유교 이념을 철저히 지키던 유학자였기 때문에, 풍수지리설을 미신으로 여긴 거야.

김부식은 관직에서 물러난 뒤 왕명에 따라 신라 · 고구려 · 백제의 역사를 담은 〈삼국사기〉 전 50권을 완성했어. 〈삼국사기〉는 현재 남아 있는 가장 오래된 역사책으로, 고대사 연구에 귀중한 자료가 되고 있단다.

■ **김부식이 진압군 사령관이 되어 묘청의 반란군을 무찌르다**

1135년 1월 4일 묘청은 서경 천도 계획이 좌절되자, 분사시랑 조광,

병부상서 유창 등과 서경에서 반란을 일으켰어. 그는 나라 이름을 '대위'라 하고 연호를 '천개'로 정하고 군사를 서경으로 불러 모았어.

"우리 군대의 이름은 천견충의군이다. 개경으로 진격할 것이다."

묘청은 '황제의 나라'임을 나타냈으나, 스스로 황제의 자리에 앉지는 않았어. 반란이 성공하면 인종을 대위국의 황제로 모실 생각이었거든.

묘청은 개경에 있는 자기편 사람들과는 반란을 모의하지 않았어. 그래서 정지상·백수한·김안 등은 묘청의 반란을 까맣게 모르고 있었지.

김부식은 이 기회를 놓치지 않았어. 인종이 묘청의 반란을 토벌하라며 자신을 진압군 사령관으로 임명하자, 반대파인 정지상·백수한·김안 등을 모조리 잡아 죽였어. 그러고는 진압군을 이끌고 서경으로 쳐들어갔지.

진압군은 서경을 포위하고 묘청, 조광, 윤첨 등의 세력과 맞섰어. 그러자 조광이 겁을 집어먹고 묘청을 참살했어. 조광은 묘청의 목을 윤첨을 통해 김부식에게 보내어 항복의 뜻을 밝혔어.

하지만 김부식이 윤첨을 감옥에 가두어 버리자, 조광은 항복의 뜻을 접고 끝까지 싸울 것을 결심했어. 일 년 넘게 버텼으나, 김부식이 이끄는 진압군의 공격으로 반란군의 성은 함락되고 말았단다.

■ 그 이후 역사는 어떻게 바뀌었을까?

묘청이 수도를 개경에서 서경으로 옮기자고 주장할 때, 고려는 개경파와 서경파로 나뉜 채 맞서고 있었어. 개경파는 개경을 기반으로 한 문벌 귀족들이었어. 이들은 경원 이씨, 안산 김씨, 해주 최씨, 파평 윤씨, 경주 김씨 등의 가문 출신으로, 권력을 누리며 재산을 독차지하고 있었어.

이자겸의 난 이후 경원 이씨가 권력을 잃게 되자, 왕을 중심으로 한 신진 관료들이 세력을 키웠어. 이들이 바로 묘청을 비롯한 서경파 세력이야. 그들은 집권층의 무능과 경제적 착취로 백성들이 고통당하자, 사회를 개혁하려고 했어. 그리고 오랑캐 나라인 금나라를 정벌하고, 수도를 개경에서 서경으로 옮기자고 주장했단다.

개경파인 문벌 귀족이 서경파의 주장을 받아들일 리 없었어. 개혁을 추진하고 수도를 서경으로 옮긴다면, 하루아침에 권력과 재산을 잃을 수 있기 때문이야. 그래서 김부식을 중심으로 하고 서경파 세력과 맞서 싸운 거야.

단재 신채호는 묘청의 '서경 천도 운동'을 '조선 1천 년 역사 속의 제1대 사건'으로 평했어. 그러면서 이 운동의 실패로 자주 세력이 사대 세력에 무릎을 꿇었고, 대륙으로 뻗어 나가던 한민족의 기상이 좁은 한반도에 갇혀 버리게 되었다고 말했어.

김부식을 비롯한 문벌 귀족은 묘청을 중심으로 한 서경파 세력을 물리친 뒤, 더 많은 땅과 노비를 차지하고 향락을 누렸어. 유교 관료 정치를 추구하며 '문(文)'을 숭상하고 '무(武)'를 천대했지. 그 결과 무신 정변이 일어나 무신 정권이 나타나고, 전국 곳곳에서 농민 항쟁이 일어났단다.

묘청과 김부식의 가상 대담

묘청   900년 가까이 세월이 흐른 뒤에야 대감을 만나다니. 반갑지 않다고 하면 거짓말이겠죠?

김부식   하하. 그렇지요. 비록 우리가 옛날에는 서로 생각이 달라서 칼날을 겨누며 싸웠지만. 이제는 다 지나간 일 아닙니까? 함께 웃으며 그 시절 이야기를 나누도록 합시다.

묘청   좋습니다. 대감 집안은 다섯 형제가 모두 과거에 급제해 벼슬길에 올랐다면서요? 홀어머니 밑에서 자라신 걸로 아는데. 어머니가 아주 기뻐하셨겠어요.

김부식   물론이지요. 저의 어머니는 아들들을 잘 키웠다고 나라에서 곡식을 매년 받으셨어요. 대사께서는 어느 집안 출신인지 알려진 것이 없는데. 몇 살 때 승려가 되셨나요?

묘청   열 살도 채 되기 전에 절에 맡겨져 절밥을 먹었지요. 나는 어려서부터 불경뿐만 아니라 풍수지리도 공부했답니다.

김부식   오. 그러셨군요. 그런데 나는 유학을 공부한 몸이라서 풍수지리에 대해서는 좀 부정적입니다. 대사께서는 개경의 땅이 운세가 다했다며. 나라가 번창하려면 서경으로 수도

	를 옮겨야 한다고 하셨지요? 나는 지금도 그것이 좀…….
묘청	미신 같아서 믿어지지 않는다는 말씀이죠?
김부식	예, 그렇습니다.
묘청	그럼 이번엔 내가 질문을 던져 볼까요? 나는 금나라를 정벌하자고 외쳤는데, 대감께서는 왜 그것을 반대하셨는지요?
김부식	당시에 금나라는 고려를 부모의 나라로 섬기던 작은 나라가 아니었습니다. 그러나 송나라를 남쪽으로 내쫓고, 화북마저 손아귀에 넣을 만큼 강대해졌어요. 그런데 우리가 무슨 힘으로 금나라를 정벌하겠습니까?
묘청	하하, 왜 고려가 힘이 없다고 생각하십니까? 서경으로 수도를 옮기기만 하면 금나라가 제 발로 와서 항복할 텐데…….
김부식	대사와 나는 서로 생각이 달라서 말이 통하지 않는군요. 더 이상 할 말이 없어요.
묘청	나도 마찬가지입니다. 그럼, 이만 대담을 마치도록 하지요.

최영 VS 이성계

친구들, '황금 보기를 돌같이 하라.'는 말을 들어 본 적이 있지? 고려의 장수인 최영은 이 말을 좌우명으로 하여 평생 욕심 없이 청렴하게 살았어.★ 이성계는 최영과 함께 왜구·홍건적 등을 물리쳤던 뛰어난 장수였지.★ 하지만 그는 최영과 맞서 고려를 멸망시키고 조선을 세웠단다. 한국사의 맞수로서 두 사람 사이에 무슨 일이 있었는지 알아볼까?

최영 장군

이성계

■ **최영과 이성계가 살던 시대에는 무슨 일이 있었나?**

고려 말기에는 외적의 침입이 잦아 나라가 몹시 어지러

웠어. 북쪽 변방에는 중국 한족 반란군인 홍건적이 쳐들어와 백성들을 괴롭혔어. 남부 해안 지역에서는 왜구들이 자주 나타나 약탈과 방화를 저질렀지. 그때 홍건적과 왜구에 맞서서 싸운 장수가 최영과 이성계야.

그즈음 중국 대륙은 원나라가 쇠퇴하고 명나라가 새롭게 일어서고 있었어. 결국 명나라는 몽골족을 몽골고원으로 쫓아내고 마침내 중국 대륙을 차지했지.

한편, 공민왕 때 고려는 원나라의 간섭에서 벗어나 빼앗긴 영토를 되찾는 일에 나섰단다. 그리하여 원나라가 직접 다스리려고 함경도 일대에 설치한 쌍성총관부를 수복했지. 그런데 1388년 원나라를 누르고 중국 대륙의 주인이 된 명나라가 고려 정부에 이렇게 통보했어.

"철령(함경도와 강원도의 경계 지역) 이북은 본래 원나라가 차지했던 땅이니 우리가 '철령위'를 설치하여 직접 다스리겠다."

당시 권력을 쥐고 있던 최영은 발끈하여 소리쳤어.

"철령 이북은 원래 우리 땅이 아닌가? 그런데 빼앗아 가겠다고?"

최영은 크게 반발했고, 병력을 동원하여 고구려의 옛 땅인 요동 지역을 정벌하기로 했단다.

■ 싸울 때마다 이긴 고려의 명장, 최영

최영은 고려 말기의 장군이자 정치가야. 사헌규정 최원직의 아들로, 어려서부터 용감하고 무술을 좋아했어. 아버지 최원직은 최영이 16세 때 세상을 떠났는데, "장차 큰일을 하려면 재물을 탐해서는 안 된다. 너는 황금 보기를 돌같이 하라."는 유언을 남겼어. 최영은 아버지의 유언을 철저히 지켰어. 그가 입는 옷이나 먹는 음식은 검약하고 소박했으며, 어떤 때는 끼닛거리가 떨어져 굶기까지 했지.

최영은 18세 때 충청도 도순문사 밑에서 병졸 생활을 시작했어. 그 뒤 왜구와 홍건적을 물리치며 무장으로 출세했지. 싸울 때마다 이겨 백전백승의 명장으로 이름을 떨쳤어.

최영이 종1품 판삼사사 벼슬에 올랐을 때의 일이야. 1376년 왜구가 지금의 부여인 홍산에 쳐들어오자, 그는 환갑의 나이인데도 전쟁터에 나갔어. 그때 맨 앞에 나서서 적진으로 뛰어들었는데, 화살 하나가 날아와 그의 윗입술에 꽂혔지. 하지만 최영은 태연하게 화살을 뽑은 뒤, 아무 일 없었다는 듯 싸움을 지휘하여 왜구를 전멸시켰단다.

1388년 고려의 재상인 문하시중이 된 최영은 요동 정벌을 위해 군사를 모았어. 모두 3만 8천여 명의 군사가 모아졌지. 우왕은 최영을 팔도도통사에 임명하고 총지휘를 맡겼어. 좌군 도통사에는 조민수, 우군 도통사에는 이성계를 임명했어.

서경

최영은 대군을 이끌고 직접 요동 정벌에 나설 생각이었어. 하지만 요동 정벌군을 격려하기 위해 우왕과 함께 서경(평양)에 왔다가 왕의 간청으로 함께 그곳에 남게 되었어. 우왕이 혼자 서경에 남는 것을 두려워했기 때문이야. 그래서 이성계와 조민수가 먼저 요동정벌에 나서게 되었어.

■ 활을 잘 쏘는 당대 최고의 장수, 이성계

이성계는 뒷날 조선 왕조를 세우는 고려 말기의 명장이야. 1335년 지금의 함경도 영흥인 화령부에서 둘째 아들로 태어났어.

아버지 이자춘은 원나라의 '천호' 벼슬자리에 있었어. 하지만 원나라가 정치적으로 불안해지자 1355년, 고려에 귀의하겠다는 의사를 밝혔어. 그리고 이듬해 고려의 공민왕이 쌍성총관부를 공격할 때 적극 협조하여, 동북면(함경도 일대) 병마사에 임명되었지.

이성계는 이러한 가문의 배경과 타고난 군사적 재능 덕에 고려 관직으로 나아가 출세할 수 있었어. 그가 처음 세상에 이름을 날린 것은 1361년 독로강 만호 박의의 반란 때였어. 이듬해에는 홍건적의 침입 때 점령당한 개경을 되찾는 데 큰 공을 세웠지.

1380년 왜구가 쳐들어와 충청도·전라도·경상도 일대를 휩쓸 때의 일이야. 이성계는 충청도·전라도·경상도 도순찰사가 되어 왜구 토벌에 나섰지. 그때 왜구를 이끌던 장수는 아기발도였어. 아기발도는 전신 갑옷을 입어 활을 쏘아도 화살이 튕겨 나왔어. 그때 이성계는 아기발도의 투구 끈을 활로 겨냥해 투구를 떨어뜨렸단다. 그 순간, 얼굴이 드러나자 이성계의 친구이자 장수인 이두란이 활을 쏘아 아기발도를 해치웠지. 이성계는 군사들과 함께 싸울 힘을 잃어버린 왜구를 크게 무찔렀단다. 이 전투가 그 유명한 '황산 대첩'이야.

이성계가 최영을 처음 만난 것은 1362년 홍건적과의 전투 때였어. 이성계의 뛰어난 활 솜씨에 반한 최영은 그를 부하 장수로 삼았어. 그 뒤 이성계는 가는 곳마다 승리를 거두어 당대 최고의 장수로 올라섰지.

　최영이 재상인 문하시중에 오르자, 이성계는 그다음 벼슬인 수문하시중이 되었어. 그런데 이 두 사람이 요동 정벌 문제로 의견이 틀어져, 서로 다른 길을 걷게 될 줄 누가 알았겠니?

■ 최영과 이성계, 위화도 회군 사건으로 맞서다

　1388년 5월 7일 이성계와 조민수가 이끄는 요동 정벌군은 압록강 하류에 있는 위화도에 이르렀어. 위화도는 흙과 모래가 쌓여 이루어진 섬으로, 중국과 마주하고 있어 군사적으로 아주 중요한 곳이었지. 그런데 장마가 시작되자, 이성계는 진군을 멈추고 조민수와 상의했어.

　"조 장군, 요동 정벌은 불가능한 일이오. 지금이 어느 땐데 군사를 동원하는 겁니까?"

　"이 장군, 여기까지 왔는데 그게 무슨 말씀이오?"

　"요동 정벌이 왜 불가능한지, 제 얘기를 들어 보십시오. 첫째, 요동까지 가려면 강을 건너야 하는데 보시다시피 장마철입니다. 비가 많이 와서 강물이 넘칠 터이고, 무기는 모두 녹슬 것입니다. 전염병까지 퍼질지 모릅니다."

"흠……."

"또한, 바쁜 농사철에 논밭을 버려두고 왔으니 병사들은 죽을 맛이겠

지요. 그러니 사기가 오르겠습니까? 셋째, 우리가 대군을 이끌고 왔으니, 그 틈을 노려 왜구가 쳐들어올 것입니다. 약기가 쥐새끼 같은 놈들이 아닙니까? 넷째, 작은 나라가 어떻게 큰 나라를 이깁니까? 달걀로 바위 치기이지요."

"그럼, 이 장군은 요동 정벌을 포기하고 돌아가자는 말씀입니까?"

"별수 없지 않습니까. 요동 정벌은 불가능합니다."

"이 장군, 이렇게 하는 것이 어떻겠습니까? 전하께 글을 올려 군사를 돌릴 것을 청하는 겁니다."

"저도 그 생각을 했습니다. 그렇게 하지요."

이성계와 조민수는 우왕에게 글을 올렸어. 그러나 우왕과 최영은 무조건 진격하라는 답장을 보냈지. 이성계는 도저히 그 명령을 따를 수 없었어. 그래서 그는 조민수를 설득하여 위화도로 군사를 되돌렸지. 역사적인 이 사건을 '위화도 회군'이라고 해.

요동 정벌군은 반란군이 되었어. 이성계는 개경까지 쳐내려가 도성을 함락시켜 버렸어. 최영은 이들과 맞서 싸웠지만, 역부족이었어. 최영은 이성계 군대에게 붙잡혀 고봉(지금의 경기도 고양)으로 귀양 갔다가 처형당했어.

■ 그 이후 역사는 어떻게 바뀌었을까?

이성계는 위화도 회군 사건으로 권력을 손에 쥐었어. 그리고 개혁을 꿈꾸는 신진 사대부들과 함께 고려 왕조를 무너뜨리고 조선이라는 새로운 나라를 세웠지.

최영과 이성계는 전쟁터를 함께 누비며 장군으로서 비슷한 삶을 살아왔어. 그러나 사실 두 사람은 위화도 회군 사건 이전부터 서로 다른 길을 걸어 당대 최고의 맞수가 되었단다. 최영과 이성계는 출신 성분부터 달랐어. 최영이 대대로 높은 벼슬을 지낸 철원 최씨 가문 출신이라면, 이성계는 동북면 지방으로 이주해 온 변변치 않은 가문 출신이었어. 따라서 최영은 당시 고려의 기득권층이었던 권문세족 편에 섰고, 이성계는 자신과 출신 성분이 비슷한 신진 사대부들과 손을 잡았지.

최영은 왕의 의견만을 중요하게 여겼어. 하지만 이성계는 신진 사대부들과 뜻을 같이하였고, 나라에 개혁이 필요하다고 생각했단다. 두 사람은 그렇게 서로 다른 생각을 하며 다른 길을 걸어왔지. 그렇기에 최영이 고려의 충신으로 생애를 끝낸 데 비해, 이성계는 위화도 회군으로 조선 건국의 주역이 될 수 있었어.

최영은 이성계와 맞선 인물이었기에 조선 시대에 사면복권이 될 수 없었어. 하지만 충성스럽고 청렴했던 최영을 사랑한 백성들은 그를 신격화하여 신앙의 대상으로 삼았지. 그래서 오늘날에도 최영 장군을 모시고 제사를 지내는 무속 신앙인들이 많이 있단다.

최영과 이성계의 가상 대담

최영 이 장군, 잘 지내셨는가? 그대가 조선을 세워 왕이 되었지만, 우리가 함께 전쟁터를 누빌 때의 호칭으로 부르고 싶네.

이성계 저도 그것이 편하고 좋습니다. 제가 애송이 장수였을 때, 시중께서는 저를 무척 아껴 주셨지요.

최영 30년 이상을 지켜보았지만, 그대만큼 뛰어난 장수를 본 적이 없다네. 그래서 요동 정벌을 추진할 때, 그대에게 3만 8천여 명의 군사를 선뜻 맡겼던 거야. 최고의 장수이니 잘 싸워 주리라 믿었거든.

이성계 그 일만 생각하면 저는 시중께 죄송할 따름입니다. 제가 처음부터 요동 정벌을 반대하긴 했지만, 위화도 회군을 하여 시중께 반기를 들었으니까요.

최영 인제 와서 지난 이야기를 하면 뭐 하겠나? 나는 망해가는 고려를 위해 목숨을 바쳤지만, 그대는 새 왕조를 세워 백성들을 잘 돌봐 주지 않았나.

이성계 그렇게 말씀해 주시니 감사합니다. 저는 시중만큼 청렴하고 양심적인 관리를 보지 못했습니다. 시중께서는 대신들에게 부정부패를 저지르지 않겠다는 서약서를 일일이 받으셨지요. 그때 일을 생각하면 저절로 고개가 숙여집니다.

정도전 VS 이방원

정도전

이방원

친구들, 정도전*과 이방원*이라는 이름이 낯설지 않지?

조선 역사를 다룬 책이나 드라마에 많이 나오고 있으니 말이야. 두 사람은 함께 힘을 합쳐 '조선'이라는 나라를 세운 뒤, 정적이 되어 양보할 수 없는 한판 대결을 벌였단다. 둘 사이에 어떤 싸움이 있었는지 알아볼까?

■ **정도전과 이방원이 살던 시대에는 무슨 일이 있었나?**

고려 말기에 나라는 극심한 혼란에 빠져 있었어. 남쪽 지방에서는 해적 집단인 왜구가 출몰하여 노략질을 일삼았어. 그리고 북쪽 지방에서는 홍건적이 쳐들어와 수도인 개경까지 함락했지.

게다가 나라 안에서는 원나라의 세력을 등에 업은 사람들이 높은 벼슬을 얻고 큰 권세를 누렸어. 거대한 농장을 갖고 백성들의 토지를 모조리 빼앗아 갔어. 이들은 먹고 살길이 없는 백성들을 노비로 삼는 등 제 욕심만 채우기에 바빴지. 과거 시험을 통하여 관리가 된 사대부들은 이런 비참한 현실을 안타깝게 바라보았단다.

'고려는 썩을 대로 썩었어. 더 이상 백성들이 살아갈 수가 없으니……. 이 왕조를 무너뜨리고 새 나라를 세워야 해.'

정도전을 비롯한 관리들은 더 이상 희망이 없다며, 고려 왕조를 무너뜨리고 새로운 왕조를 세우는 혁명을 꿈꾸었어. 그러던 중 1388년, 이성계가 위화도 회군으로 정권을 잡았어. 그러자 정도전은 이성계의 아들인 이방원과 손을 잡았어. 그리고는 1392년, 이성계를 도와서 조선 왕조를 세웠단다.

■ **조선의 개국 공신, 정도전**

정도전은 고려 말 조선 초의 정치가이자 학자야. 형부상서를 지낸 정운경의 맏아들로, 충북 단양에서 태어났어.

고려 말의 학자 이색

고려 말의 충신 정몽주

그는 아버지 친구인 학자 이색*에게서 정몽주*와 함께 성리학을 공부했어. 문장이 뛰어나고 성리학에 밝아 그를 따를 자가 없었다고 해.

정도전은 1362년 과거에 급제해 벼슬길에 나섰어. 하지만 권신들이 원나라와 친하고 명나라를 배척하는 정책을 펼치자 이를 반대하다 나주 회진현으로 귀양을 떠나게 되었어. 후에, 귀양에서 풀려난 정도전은 학문을 연구하며 제자들을 가르치다가 이성계의 참모가 되었어.

정도전은 이성계가 위화도 회군으로 권력을 잡자 그를 왕으로 추대해 개국 공신이 되었지.

태조 이성계가 즉위한 지 한 달이 지났을 때였어. 태조는 정도전·배극렴·조준·남은 등의 개국 공신을 불러, 왕위를 이을 세자를 세우는 문제를 의논했어. 그때 배극렴·조준 등은 나라를 세우는 데 공이 많은 이방원을 세자로 삼자고 했어. 그러나 정도전은 태조의 둘째 왕비인 신덕왕후 강씨의 둘째 아들인 의안대군 방석을 세자로 삼자고 했지.

태조에게는 첫째 왕비인 신의왕후 한씨가 낳은 여섯 명의 아들과, 둘째 왕비인 신덕왕후 강씨가 낳은 두 명의 아들이 있었어. 정도전이 여덟 왕자 가운데 막내인 의안대군을 세자로 삼으려는 데는 이유가 있었지. 신덕왕후와 가까운 사이인 데다, 의안대군이 세자로 책봉되어 왕위

에 오르면 자신이 권력을 잡게 될 것이기 때문이었지.

그는 이방원과 사이가 좋지 않았어. 이방원이 세자가 되어 뒷날 왕위에 오르게 된다면 권력을 휘두르는 데 걸림돌이 되는 자신부터 제거하려 들 것이었어. 정도전은 이런 사실을 너무도 잘 알고 있었기에, 신덕왕후 편이 되어 의안대군을 세자로 삼자고 주장한 거지.

태조는 정도전이 바라던 대로 의안대군을 세자로 삼았단다. 그는 여덟 왕자 가운데 막내를 가장 사랑했거든.

■ 조선을 세우는 데 큰 공을 세운 이방원

이방원은 뒷날 조선 제3대 왕이 되는 인물로, 태조 이성계의 다섯째 아들이야. 무인 집안에서 성장했지만, 어려서부터 무예보다 학문을 더 좋아하여 열다섯 어린 나이에 과거에 급제했어. 이방원은 과감한 결단으로 아버지를 도와 정몽주 등 고려 왕조 유지 세력을 제거하는 등 조선 건국에 큰 공을 세웠어.

그런데도 그는 조선 건국 후 개국 공신에도 들지 못했어. 태조가 그의 공은 인정하되 자기 친아들이라며 제외했거든. 그뿐만이 아니었어. 태조는 조선 개국에 일등 공신인 이방원을 제쳐 두고 막내아들인 이방석을 세자로 삼아 버렸지. 이 소식을 들은 이방원은 분하여 어쩔 줄을 몰랐어.

'나를 제쳐 두고 막내를 세자로 삼다니……. 내가 없었다면 이 나라가 세워지기라도 했겠는가?'

이방원은 정도전이 자기를 견제하려고 의안대군을 세자로 밀었다는 것을 알았어. 당장 병사들을 데리고 달려가 정도전을 해치우고 싶었지만, 아직은 때가 아니었어. 정도전은 의흥삼군부 판사로 병권을 손에 쥐고 있었거든. 그를 제거하려면 때를 기다리며 힘을 키우는 것이 우선이었어.

■ 정도전과 이방원의 목숨을 건 한판 승부

의안대군이 세자가 된 지 4년이 흘렀어. 의안대군의 어머니인 신덕왕후가 죽고 태조마저 몸져눕자, 이방원은 움직이기 시작했어. 2년 동안 사병들을 훈련시키고 사람들을 모았지.

그때 정도전은 이방원의 움직임을 날카롭게 지켜보고 있었단다.

'이방원의 집에는 사병이 있지? 집안을 돌보는 머슴까지 합하면 수십 명은 될 텐데. 이들이 한꺼번에 움직인다면 엄청난 힘을 발휘하겠지? 반란이라도 일으킨다면 그냥 당할 수도 있겠어.'

정도전은 이런 생각을 하며 한 가지 일을 꾸몄어. 그것은 이른바 '요동 정벌'이었어. 당장 전쟁하려면 군대가 필요하니, 왕자들이나 대신들이 두고 있는 사병을 중앙군에 편입시켜야 한다고 주장한 거야. 정도전은 태조에게 허락을 받아 이 일을 추진하기 시작했어. 이제 이방원은 꼼짝없이 사병을 빼앗기게 되었어. 그야말로 위기의 순간이 온 거야.

그러나 이방원은 앉아서 당하고만 있지 않았어. 1398년 8월 26일 정도전 일파가 신의왕후가 낳은 왕자들을 제거할 음모를 꾸미고 있다며, 이숙번 등 사병을 거느리고 거사를 일으킨 거야. 이방원은 정도전과 세자 이방석 등을 죽이고 권력을 손에 쥐었단다.

■ 그 이후 역사는 어떻게 바뀌었을까?

이방원이 거사를 일으켜 정도전·이방석 등을 제거한 사건을 '왕자의 난'이라고 해. 태조는 병으로 몸져누워 있어 이를 막지 못했어.

이방원은 아버지를 왕위에서 밀어내고 형 방과(정종)를 왕위에 올렸어. 그러고는 2년 뒤 형에게서 왕위를 물려받아 그 뒤를 이었지. 그가 바로 제3대 태종이야. 그 이후로 조선 왕조는 태종의 아들인 세종과 그 자손들로 이어지게 된단다.

정도전은 태조 이성계의 오른팔로서 조선 건국의 주역이었어. 그는 조선의 수도를 개경에서 한양으로 옮기는 일에 앞장서, 궁궐과 종묘의 위치, 도성의 성터, 궁전과 궁문의 이름까지 스스로 지었어. 그리고 〈조선경국전〉,〈고려사〉 등을 펴냈으며, 조선 왕조의 기틀을 다지는 일에 온 힘을 쏟았지.

정도전은 〈조선경국전〉에 '군주의 권한은 딱 두 가지다. 하나는 재상을 선택·임명하는 것이다. 다른 하나는 재상과 나랏일을 의논하는 것이다.'라고 밝혀 놓았어. 국가는 왕이 아니라, 재상이 중심이 되어 백성을 다스려야 한다고 한 거야. 정도전은 어린 이방석이 즉위하면 재상이 되어 자신의 정치를 실현하고 싶었던 거지.

하지만 이방원은 정도전과 생각이 달랐어. 그는 왕이 전권을 행사하며 절대 권력을 누려야 한다고 여겼어. 정도전과 이방석이 이처럼 서로 다른 생각을 가졌으니 권력 투쟁을 한 것은 당연한 일이겠지?

태종은 자신과 맞서다가 죽은 정도전을, 어린 세자를 등에 업고 권력을 얻으려 한 역적으로 몰아세웠어. 그 대신 정몽주는 고려를 위해 목숨을 바친 만고의 충신으로 떠받들었지.

정도전이 복권된 것은 조선말인 1865년 9월로, 흥선 대원군이 경복궁 중건 사업을 벌일 때였어. 흥선 대원군은 경복궁의 설계자인 정도전의 공을 인정해 그의 관작을 회복시켜 주고 공신 칭호를 돌려주었어.

정도전과 이방원의 가상 대담

정도전	우리는 함께 힘을 합쳐 고려 왕조를 무너뜨리고 조선 왕조를 세웠지요. 나는 그대가 조선 개국에 큰 역할을 했음을 인정합니다.
이방원	나도 마찬가지요. 대감은 조선 건국의 일등 공신이오. 대감만큼 학문이 깊고 다재다능한 인재가 어디 또 있겠소?
정도전	분에 넘치는 칭찬에 한바탕 춤을 추고 싶구려.
이방원	허허, 말리지 않겠소. 다만 나는 대감이 나를 지지하지 않고 방석의 편에 섰다는 것이 불만이오.
정도전	내가 왜 그런 선택을 했는지 정말 모르시겠소? 왕은 백성의 어버이일 뿐, 다스리는 것은 재상이오. 그런데 당신은 왕 맘대로 백성을 다스려야 한다고 생각하지요? 그러니 어찌 당신을 지지할 수 있겠소?
이방원	조선은 왕이 대대로 백성을 다스리는 왕조 국가입니다.
정도전	왕조 국가의 문제점이 뭔지 아십니까? 어리석은 왕이 나올 수도 있지요. 따라서 나라가 잘되려면 재상 중심의 정치를 해야 합니다.

이방원　당신은 이름 그대로 내게 계속 '도전'만 하는구려. 다음 세상에서 다시 만난다면 우리 싸우지 맙시다.

정도전　그럽시다. 당신도 이름 그대로 왕의 아들이 아닌 '이방'의 아들로 태어난다면 생각이 달라질 것이오.

김종서 VS 수양대군

'큰 범'이라고 불리던 대신 김종서와, '수양대군'으로 널리 알려진 제7대 왕 세조의 이름을 들어 본 적이 있니? 12세의 어린 조카 단종이 왕위에 오르자, 수양대군은 왕이 되려는 욕심에 계유정난을 일으켜 김종서 등을 제거하러 나섰단다. 그 피비린내 나는 살육의 현장을 찾아가 볼까?

조선 전기의 문신, 김종서

■ 김종서와 수양대군이 살던 시대에는 무슨 일이 있었나?

조선 제4대 왕 세종에게는 아들이 18명이나 있었어. 그중에서 첫째 아들이 문종이고, 둘째 아들이 수양대군이야. 셋째 아들이 안평대군,

조선 제4대 왕 세종

여섯째 아들이 금성대군이지.★ 세종의 아들은 모두 똑똑하고 영민했는데, 장자 계승의 원칙에 따라 첫째 아들인 문종에게 왕위를 물려주었지.

그런데 문종은 어려서부터 몸이 약하고 병치레가 잦았어. 세종의 뒤를 이어 왕위에 올랐을 때는 이미 병이 깊이 들어서, 임금이 된 지 2년 만에 세상을 뜨고 말았지.

문종은 죽기 전에 영의정 황보인, 좌의정 남지, 우의정 김종서 등 원로 신하들을 불러 이런 부탁을 했단다.

"세자가 너무 어리니, 내가 죽은 뒤에 잘 보필해 주시오."

조선 제6대 왕 단종

1452년 단종이 12세의 나이로 임금이 되었어. 궁중에서는 임금이 어릴 경우엔 나랏일을 돌볼 수 없어 대비가 수렴청정했지. 하지만 대비도 죽고 없어, 황보인·김종서 등의 원로 신하들이 단종을 도와 나랏일을 해 나갔어.★

관리를 임명할 때 '삼망(三望)'이라 하여 세 사람 이름을 올리는데, 미리 세 정승이 '황표', 즉 노란색으로 대상자의 이름 위에 표시하면 임금이 그대로 낙점했단다. 그래서 이를 '황표 정치'라고 불렀지. 나랏일이 이처럼 임금이 아닌 신하들의 손에 의해 이루어지자, 수양대군은 큰 불만을 가졌어.

'조선은 왕의 나라 아닌가. 그런데 왕의 권위는 땅에 떨어지고, 신권

이 왕권을 위협하다니…….'
　수양대군은 왕위에 대한 야심을 품었어. 그래서 정권을 잡기 위해 세력을 키우기 시작했단다.

■ 6진 개척의 공을 세운 호랑이 장군, 김종서

　김종서는 조선 전기의 정치가이며 문신이야. 1383년(고려 공양왕 2년) 무관인 도총제 김추의 아들로 충남 공주에서 태어났어.

1405년(태종 5년) 문과에 급제했으나, 병법에 밝아 장수로서 큰 공을 세웠지. 김종서는 1419년(세종 1년) 사간원 우정언으로 본격적인 관직 생활을 시작하여 광주판관·이조정랑·황해도 경차관·우대언·좌대언 등을 거쳤단다.

조선 초기에는 한반도 북쪽에 살고 있던 여진의 여러 부족이 종종 국경을 침범해서 백성들을 괴롭혔어. 이에 세종은 최윤덕과 이천을 연이어 평안도 도절제사(무관직)로 임명한 뒤 여진족을 몰아내게 하고, 압록강 상류에 4군을 설치했어.

4군과 6진

또한 세종은 김종서를 함길도(함경도) 도절제사로 삼아 동북쪽의 여진족을 몰아내게 했어. 1433년(세종 15년), 김종서는 세종의 명을 받아 7~8년 동안 두만강 하류에 종성·온성·회령·경원·경흥·부령의 여섯 진을 설치하여 자연적인 국경선을 확보하는 성과를 거두었어. 4군 6진으로 만들어진 국경선이 오늘날까지 이어지게 된 거지.★

김종서는 아버지의 무인 기질을 물려받아 성격이 괄괄하고 배포도 있었어. 그런데 황희 정승은 평소에 그를 무척 엄하게 대했어. 조금이라도 잘못하면 불호령을 내렸지. 보다 못해 맹사성 대감이 황희에게 말했어.

"김종서의 체면도 살려 주셔야지요. 한두 번도 아니고 사사건건 나무라시니 참 듣기 민망합니다."

"맹 대감, 제가 종서가 미워서 그러는 줄 아십니까? 저는 종서를 사람으로 만드는 중입니다. 그의 성품이 신중하지 못하고 거친데, 잘 다듬지 않으면 안 되기에 훈련을 시키는 겁니다. 종서야말로 우리 다음 세대를 이끌 큰 재목 아닙니까?"

조선의 정승 황희

황희의 말대로 김종서는 6진 개척 뒤 형조판서·예조판서·우참찬·좌찬성 등을 거쳐 우의정에 올라 나라의 큰일을 맡게 되었지. 영의정 황보인, 좌의정 남지 등과 함께 어린 단종을 보필한 거야.

■ 왕이 될 욕심을 품고 있던 수양대군

수양대군은 세종의 둘째 아들로, 문종의 동생이야. 뒷날 조선 제7대 왕 세조가 되지. 1417년 태어났는데, 어려서부터 활쏘기·말타기 등 무예를 좋아하고 병서를 많이 읽었어. 무예를 배우던 16세 때는 하루에 노루를 수십 마리나 사냥했지.

조선 제7대 왕 세조

수양대군은 성격이 거칠고 사나웠어. 아버지 세종은 아

들의 이런 성미를 고치려고, 이름을 '진양'에서 '수양'으로 바꿔 주었어. 수양산에서 절개를 지키다가 굶어 죽은 백이·숙제처럼 절개를 지키며 몸과 마음을 진중하게 하라는 뜻이었지.

하지만 수양대군은 효심이 지극하고 아주 검소했어. 아버지 세종이 세상을 떠났을 때는 먹지도 마시지도 않고 슬픔에 젖어 있었다고 해. 늘 검소한 생활을 하여 임금이 된 뒤에도 사치와 낭비를 멀리했지.

수양대군은 형인 문종이 세상을 뜨고 어린 조카인 단종이 왕위에 오르자, '황표 정치'를 하는 원로 신하들에게 불만을 느끼고, 왕의 자리를 탐냈어.

이때 그를 왕으로 모시려는 사람들이 모여들었어. 권람·한명회·홍달손·양정 등이 그들이야.

김종서·황보인 등의 원로 신하들은 안평대군과 손을 잡고 있었지. 수양대군은 안평대군이 왕이 될 욕심을 품고 있다고 생각하여 몹시 불안해했단다. 그럴 때 심복 한명회가 수양대군에게 말했어.

"김종서·황보인 등이 안평대군과 한편이 되어 우리와 맞서고 있습니다. 그들이 우리에 대한 경계심을 풀도록 대군께서 명나라에 사신으로 가시는 게 어떻겠습니까?"

"좋은 생각이오."

수양대군은 한명회의 건의를 받아들여 단종의 즉위를 알리는 사신으로 명나라를 향해 떠났어. 그때 그는 서장관[4)]으로 동행한 신숙주와 가까워져 그를 자기 사람으로 만들었단다.

■ 수양대군, 김종서를 없애기 위해 쿠데타를 일으키다

명나라에 사신으로 갔던 수양대군이 조선으로 돌아온 것은 1453년 4월이었어. 그는 이즈음부터 홍달손·양정 등과 함께 심복 무사들을 훈련하기 시작했어. 그리고 한명회·권람·홍윤성 등과 머리를 맞대고 앉아 의논했어.

"안평대군 쪽에서 거사를 치르기 전에 우리가 먼저 움직여야 한다. 우리가 첫째로 제거해야 할 대상은 김종서다."

당시에 병권을 쥐고 있던 것은 김종서였어. 그는 수양대군이 자신을 죽일 줄로 알고 미리 대비하고 있었지.

수양대군은 김종서를 비롯하여 황보인 등 없애야 할 대상자를 적은 '살생부'를 작성하고 쿠데타를 서둘렀어. 그리하여 1453년 10월 10일 밤, 수양대군은 드디어 거사를 단행했단다. 이 거사는 계유년에 일어났다고 해서 '계유정난'이라고도 하지.

---

4) 서장관: 조선 시대에 중국으로 가는 외교사절단의 지휘부로 '삼사신(三使臣)' 가운데 한 관직이다. 사행 기간 동안 보고 들은 각종 외교 정보를 기록하여 국왕에게 보고하고, 사행단의 비리나 부정을 감찰하는 임무를 맡았다.

수양대군은 종 임운을 데리고 돈의문 밖에 있는 김종서의 집을 찾아갔어. 김종서는 수양대군의 기습에 대비하여 무사들을 집 주위에 풀어 놓았단다. 수양대군은 김종서의 아들에게 청하여 김종서를 집 밖으로 불러냈어. 그러고는 그에게 편지 한 통을 건넸지. 김종서가 편지를 읽으려고 달빛에 비추는 순간, 수양대군이 임운에게 눈짓했어. 그러자 임운이 품에 감췄던 철퇴를 꺼내 김종서를 내리쳤단다.

"으윽!"

임운은 그 자리에서 김종서의 아들과 그 동료들도 해치웠어. 계유정난은 그렇게 시작되었지. 그 뒤 수양대군은 대궐로 들어가 단종의 명이라고 속이고 대신들을 불러들였어. 그러고는 '살생부'에 적어 두었던 반대파에 속한 대신들을 모조리 죽였지. 친동생인 안평대군마저 '김종서·황보인 등과 한 패가 되어 왕위를 뺏으려 했다.'는 죄를 뒤집어씌워 귀양을 보내 죽였단다.

■ 그 이후 역사는 어떻게 바뀌었을까?

왕이 될 욕심을 품고 있던 수양대군에게는 김종서가 가장 두려운 존재였어. 김종서를 제거하지 않고는 자신의 꿈을 이룰 수가 없을 것 같았지. 그래서 계유정난을 일으켰을 때, 가장 먼저 김종서를 죽였던 거야.

후세에 김종서는 왕을 위해 충성을 다하다가 죽은 만고의 충신으로 추앙받았어. 용기와 지혜를 지닌 훌륭한 무장이자 명재상으로 사람들의 입에 오르내렸지. 그러나 수양대군은 왕의 자리에 올랐지만, 포악한

성격으로 평가되었어. 왕권을 차지하기 위해 엄청난 피바람을 일으켜 자신의 반대파는 물론 조카에 형제까지 죽였으니 당연하지.

계유정난으로 정권을 잡은 수양대군은 2년 뒤 단종을 쫓아내고 스스로 왕위에 올랐어. 그가 바로 조선 제7대 왕 세조야.

수양대군이 왕위에 오른 것에 분개해, 벼슬하지 않고 한평생 단종을 위해 절개를 지킨 사람들이 나왔어. 후세의 사가들은 이들을 '생육신'이라 하는데, 김시습을 비롯해 원호·이맹전·조려·성담수·남표언 등 여섯 신하를 가리키지. 살아서 절개를 지킨 여섯 신하라고 해서 '생육신'이라고 불렀어.

그에 반해 단종의 복위를 꾀하다가 죽은 여섯 신하가 있는데 이들을 '사육신'이라고 해. 박팽년·성삼문·이개·하위지·유성원·유응부 등을 말하지.

1456년 6월 이들은 세조를 몰아내고 단종을 다시 왕위에 앉힐 것을 모의했어. 마침 세조가 명나라 사신을 창덕궁에 불러 환송연을 베풀기로 하자, 그 자리에서 세조와 그 측근들을 처치하기로 했어. 그러나 모의에 가담했던 김질이 이 사실을 세조에게 밀고함으로써 거사는 실패로 끝나고 말았어.

세조는 왕권 강화 정책을 펼치어 국정을 안정시켰어. 재상을 중심으로 국정을 운영하는 제도를 없애고, 실무를 맡은 6조와 왕 사이에 직접 국정을 운영하는 제도를 만들었지. 비록 세조는 왕권을 차지하기 위해 많은 피를 흘렸지만, 왕으로서는 뛰어난 능력을 지녀 많은 업적을 남겼단다.

김종서와 수양대군의 가상 대담

김종서 대군과 나는 계유정난으로 원수 사이가 되어 버렸습니다. 600년 가까이 세월이 흘렀지만, 그날 그 일은 정말 잊을 수가 없어요.

수양대군 내가 죄인인데 무슨 변명을 하겠습니까? 입이 열 개라도 할 말이 없습니다. 다만 나는 왕권을 차지하기 위해서 대감을 제거하지 않을 수 없었다는 말씀을 드리고 싶군요.

김종서 역사의 한 페이지를 장식한 일이니, 그 이야기는 인제 그만하지요.

수양대군 알겠습니다. 대감은 황희 정승에게 특별한 가르침을 받으셨지요?

김종서 물론입니다. 정승께서는 내가 잘못하면 그냥 넘어가는 법이 없었어요. 언제나 야단을 치셨지요. 하루는 내가 거만하게 의자에 비스듬히 앉아 있었어요. 정승께서 그 모습을 보시더니, 관리들을 불러 "판서께서 앉으신 의자가 한쪽으로 기울어졌구나. 빨리 고쳐 드려라."라고 말씀하셨지요.

수양대군	하하. 황희 정승의 꾸지람이 대단했군요. 그래도 그런 '사랑의 회초리'가 있었기에 대감께서 조선을 이끄는 큰 재목이 되신 게 아니겠습니까?
김종서	부끄럽습니다. 대군께서는 훌륭한 아버지를 두셔서 뛰어난 재능을 발휘할 수 있었겠지요? 나는 대군만 한 효자를 보지 못했어요.
수양대군	무슨 말씀을 그리하십니까? 문종 형님에 비하면 아무것도 아니지요. 형님은 아버지를 위해 직접 맛있는 음식을 만들어 바쳤는걸요.
김종서	그래요. 그 시절로 들어갈 수 있다면 좋으련만……. 많은 세월이 흘렀으니 인생무상입니다.

성삼문 VS 신숙주

조선의 충신 성삼문

성삼문*과 신숙주*는 집현전에서 함께 학문을 연구하며 친하게 지내던 친구 사이였어. 그런데 문종이 죽고 어린 단종이 왕의 자리에 오르면서 두 사람은 팽팽히 맞서는 숙명의 맞수가 될 줄을 누가 알았겠니? 한 명은 만고의 충신, 다른 한 명은 변절자로 낙인찍히게 한 역사의 현장 속으로 떠나 볼까?

신숙주

■ **성삼문과 신숙주가 살던 시대에는 무슨 일이 있었나?**

세종의 뒤를 이어 왕위에 오른 문종은 병이 깊이 들었어. 결국 2년 만에 세상을 뜨고 말았지. 1452년 단종이 12세의 어린 나이로 왕위에 올랐어. 문종은 죽기 전에 영의정 황보인, 우의정 김종서 등 원로 신하들에게 어린 세자를 잘 보필해 달라고 부탁했단다. 그리하여 원로 신하들은 단종을 도와 나랏일을 해 나갔지.

수양대군은 정치적 야심이 매우 컸어. 왕이 되려는 욕심에 그는 한명회·권람 등의 심복들과 단종의 측근을 제거하는 계획을 세웠지.

1453년 10월 10일 밤, 수양대군은 김종서·황보인 등이 반역을 모의했다는 구실로 무사들을 동원했어. 이들은 집으로 찾아가 김종서 부자를 죽이고, 단종의 명이라고 속이고 대신들을 궁궐로 불러들였어. 그러고는 반대파에 속한 대신들을 모조리 죽였지. 친동생인 안평대군마저 김종서·황보인 등과 한패가 되어 왕위를 뺏으려 했다는 죄를 뒤집어 씌워 귀양을 보내 죽였단다. 이 사건을 '계유정난'이라고 해.

계유정난으로 정권과 병권을 모두 장악한 수양대군은 곧바로 왕이 되지는 않았어. 그는 영의정이 되어 권력을 휘둘렀지. 그러고는 단종에게 압박을 넣어 2년 뒤 왕위에서 물러나게 했어.

■ 충절을 지킨 충신, 성삼문

성삼문은 두 임금을 섬길 수 없다며 죽음으로 충절을 지킨 충신으로 유명한 사람이야. 그는 1418년 정2품 무관직인 도총관의 자리에 오른 성승의 아들로, 외가가 있는 충남 홍주(홍성)에서 태어났어.

그가 태어나던 날 이런 일이 있었다고 해. 그의 어머니가 잠을 자는데, 하늘에서 "아이를 낳았느냐?"고 묻는 소리가 세 번이나 들려왔대. 그래서 아들 이름을 '세 번 묻는다.'는 뜻인 '삼문(三問)'으로 지었다는구나.

성삼문은 어려서부터 글공부를 열심히 하여 18세에 생원시에 급제하고, 3년 뒤에는 문과에 급제하여 벼슬길에 올랐단다. 그는 25세에 학문과 정책을 연구하는 기관인 집현전의 학사가 되었어. 그리하여 신숙주 · 박팽년 · 하위지 · 이개 등과 함께 학문을 연구했지.

성삼문은 세종을 도와 훈민정음(한글)을 만드는 일을 했어. 세종의 명으로 신숙주와 함께 명나라 학자인 황찬을 만나러 요동 지방을 열세 번이나 다녀오기도 했지. 성삼문은 황찬에게 음운학을 배워 도움을 많이 받았단다. 그리고 집현전에서 함께 일하던 신숙주와는 형제처럼 가깝게 지냈어.

어느 날 세종이 성삼문과 신숙주를 불러 이렇게 당부했어.

"세자(문종)가 몸이 약해서 걱정이야. 뒷날 세손(단종)이 임금이 되거든 그대들이 잘 보필해 주게."

세종은 아들 문종이 몸이 약해 일찍 죽을까 걱정되어, 어린 손자 단종을 능력 많고 충성스러운 두 젊은 학사에게 부탁했던 거야.

세종의 걱정은 그대로 현실이 되었어. 세종의 뒤를 이어 왕위에 오른 문종은 2년 만에 세상을 뜨고, 어린 아들 단종이 임금이 되었으니까.

단종은 임금 자리를 노리는 수양대군의 강압에 못 이겨 그 자리를 내주었단다. 그때 성삼문이 예방승지로서 임금의 옥새를 수양대군에게 건네는 일을 맡았어. 그는 옥새를 끌어안고 통곡했어. 세조의 즉위식을 마친 뒤 박팽년이 경회루 연못에 몸을 던지려 하자, 성삼문은 극구 말

리며 이렇게 말했단다.

"이대로 죽어서야 되겠는가? 수양대군을 몰아내고 전하를 다시 모셔야지."

■ 수양대군 편에 선 변절자, 신숙주

신숙주는 성삼문과 달리 수양대군 편에 섰다가 '변절자'라는 낙인이 찍혔던 사람이야. 콩나물에 비해 잘 쉬는 녹두나물을 신숙주에 빗대어 '숙주나물'이라 부르기도 하지.

신숙주는 1417년 전라도 나주 금안동에서 공조참판 신장의 셋째 아들로 태어났어. 어려서부터 기억력이 뛰어나 한번 읽고 배운 것은 절대로 잊어버리지 않았다고 해.

신숙주는 7세 때부터 조선 초의 대학자인 윤회에게 글을 배웠지. 그리고 22세에 생원시·진사시를 거쳐 이듬해에 문과에서 3등을 차지해 관직에 첫발을 내딛었단다. 신숙주는 25세에 집현전 부수찬에 임명되어 학사 생활을 시작했어.

그는 얼마나 공부에 푹 빠져 있었던지, 장서각에 있는 책들을 밤새워 읽으려고 동료들의 숙직을 도맡아 했어. 어느 날 숙직하며 책을 읽다가 책상에 엎드려 잠들었는데, 세종이 그 모습을 보고 자신의 초피(담비가 죽) 갖옷을 벗어서 덮어 주었다고 해.

　신숙주는 세종의 명으로 성삼문·박팽년·이개 등과 훈민정음을 만들었단다. 그는 젊은 나이에 뛰어난 학식을 갖추었어. 그래서 조선에 온 명나라 사신 예겸에게 '동방거벽(東方巨擘)', 즉 '동방에서 가장 뛰어난 사람'이라는 찬사를 얻었지. 그는 중국어·일본어·몽골어·여진어·인도어 등 7개 국어에 능통해 통역 없이 대화할 정도였다고 해.

　신숙주는 집현전에서 "내 옆에 성삼문이 없으면 나는 살 없는 뼈에 불과하다."고 말할 만큼 성삼문과 가깝게 지냈어. 그렇게 친하던 두 사람이 등을 돌리게 된 것은, 신숙주가 수양대군과 함께 중국 사신으로 북경을 다녀온 뒤부터였어. 이때 이후로 신숙주는 수양대군 편에 서게 되었고, 성삼문과 서로 다른 길을 걷게 되었단다.

■ '사육신의 난'으로 성삼문과 신숙주가 맞서다

　수양대군이 계유정난을 일으켜 단종을 쫓아내고 왕위에 오르자, 1456년 6월 성삼문·박팽년·이개·하위지·유성원 등은 세조를 몰아내고 상왕인 단종을 다시 왕위에 앉힐 것을 모의했어.

　"지금 우리 조선에 명나라 사신이 와 있지 않습니까? 마침 중국으로 떠나는 사신의 환송연이 창덕궁 태평관에서 열린다고 합니다. 그때 수양대군과 그 측근들을 한꺼번에 해치우기로 하지요."

환송연에는 성삼문의 아버지 성승과 유성원의 아버지 유응부가 별운검으로서 운검(칼)을 차고 임금을 호위하기로 되어 있었단다. 성승과 유응부는 그 자리에서 임금과 세자와 대신들을 모조리 죽이기로 했어.

하지만 거사 날에 뜻밖의 일이 벌어졌어. 성승과 유응부가 칼을 차고 태평관으로 들어가려 하자, 한명회가 이들을 가로막고 나서는 거였어.

"행사장이 비좁아서 별운검을 세우지 않기로 했소. 밖에서 대기하시오."

결국 거사는 뒷날로 미루어졌지. 하지만 그때 불안감을 느낀 성균 사예 김질이 장인인 의정부 우찬성 정창손을 통해 세조에게 밀고하였어. 결국 거사는 실패로 끝나고 말았단다.

이들은 모두 체포되었으며, 세조 앞에서 모진 고문을 받아야 했지. 이 자리에서 성삼문은 세조를 '나리'라 부르며 이렇게 말했어.

"하늘에는 두 해가 없고, 한 백성에는 두 임금이 없소. 나리는 임금 자리와 나라를 훔친 도둑이오."

성삼문은 세조 곁에 있는 신숙주에게도 큰 소리로 꾸짖었어.

"숙주야, 너는 세손을 잘 보필해 달라던 세종대왕의 당부를 잊었느냐? 너는 죽어서 무슨 낯으로 선왕을 볼 수 있겠느냐?"

신숙주는 아무 대답 없이 얼굴을 붉히며 고개를 숙였지.

성삼문은 갖은 고문에 시달리면서도 두 임금을 섬길 수 없다며 당당하게 맞섰어. 결국 그는 사형을 당하고 말았지.

이때 단종의 복위를 꾀하다가 죽은 성삼문·박팽년·이개·하위

지·유성원·유응부 등 여섯 신하를 '사육신'이라고 해. 이들에 의해 일어난 사건을 '사육신의 난'이라고 하지.

■ 그 이후 역사는 어떻게 바뀌었을까?

단종의 복위를 꾀하려고 집현전 학사 출신 관리들이 일으킨 '사육신의 난'은 단종을 사지로 몰아넣은 셈이 되었어. 단종은 이 사건에 관련되었다는 이유로 노산군으로 강등되어 강원도 영월 청령포로 유배되었어.

청령포는 삼면이 강으로 둘러싸여 있고, 한 면이 낭떠러지인 육지 속의 섬 같은 곳이었어. 단종은 여기에 갇혀 힘든 유배 생활을 해야 했지.

하지만 세조와 그의 측근들에게는 단종이 살아 있다는 것이 크나큰 공포였어. 언제든지 단종의 복위를 꾀하려는 사건이 일어날 수 있었기 때문이야.

아니나 다를까, 1457년 9월 세조의 친동생인 금성대군이 단종을 복위하려다 발각되고 말았어. 금성대군은 순흥에서 유배 생활을 하고 있었는데, 그곳 부사인 이보흠과 단종을 다시 왕으로 앉히려고 계획했다가 관노의 고발로 실패한 거야. 결국 금성대군은 죽임을 당했고, 단종도 서인으로 폐해졌지.

이때 신숙주는 세조에게 나아가 단종을 죽여야 한다고 건의했어. 단종을 살려두면 반란이 계속 이어진다는 거지. 결국 단종도 그해 10월에 죽임을 당하고 말았단다.

세조가 왕위에 오른 뒤 병조판서·우의정·영의정 등을 거치며 많은 업적을 남겼지만, 신숙주는 단종을 배신하고 수양대군 편에 섰다는 이유로 배신자·변절자의 대명사가 되었어.

그에 비해 성삼문은 죽음으로써 충절을 지켜 충신의 대명사로 추앙을 받았어. 조선은 충효를 강조하는 유교 국가이기 때문에 '만고의 충신'으로 역사에 이름을 남긴 거야.

한편, 세조는 집현전을 없애고 경연을 중단했어. 집현전 학사 출신 관리들이 일으킨 사육신의 난으로 인해 그들을 불신하게 된 거지. 세조는 집현전 장서각에 있던 책들도 모두 예문관으로 옮겨 버렸단다.

성삼문과 신숙주의 가상 대담

성삼문   숙주, 자네를 오랜만에 만나니 집현전 학사 시절이 생각나는군. 집현전에서 자네는 정말 열심히 공부했어. 장서각에 들어가서 시간 가는 줄 모르고 새벽까지 책을 읽지 않았나?

신숙주   그랬지. 집에 있는 책은 모두 읽어, 장서각에 있는 책을 전부 읽겠다고 결심했어. 동료 학사들의 숙직까지 도맡아 하며 책을 읽었으니……. 책에 미쳤다는 소리도 들었지.

성삼문   세종대왕의 배려로 휴가를 얻어 독서당에서 함께 공부한 적도 있었어.

신숙주   그래, '사가독서'[5] 하여 오로지 책만 읽고 지냈지. 그때 정말 행복했어.

성삼문   자네는 세종대왕께 많은 은혜를 입었으면서도, 세손(단종)이 임금이 되거든 잘 보필해 달라는 부탁을 거역하다니……. 전하가 비록 어리더라도 충성을 바치는 것이 신하

---

5) 사가독서: 조선 시대에 국가의 유능한 인재를 양성하기 위해 젊은 문신들에게 휴가를 주어 독서에 전념할 수 있도록 한 제도.라고

	의 도리가 아닌가?
신숙주	자네 말이 백 번 옳아. 하지만 그때만 해도 이미 대세가 기울어 돌이킬 수 없는 상황이 아니었는가? 나는 단종에게 충성하는 것보다, 나라를 발전시키는 일이 더 중요하다고 생각했네.
성삼문	자네는 수백 년이 지났는데도 여전히 변명만 늘어놓는군. 실망스럽네.
신숙주	사람이 쉽게 변할 수가 있겠는가. 내가 비록 단종 쪽이 아닌 수양대군 쪽에 섰지만, 내 선택에 후회는 없네. 나는 나라를 위해 최선을 다해 일했으니 말이야.
성삼문	알겠네. 나 역시 선택에 후회가 없으니, 우리는 평행선을 달리는 셈이군.
신숙주	어떻든 우리는 친구 사이 아닌가. 오랜만에 만났으니, 술이나 한 잔 하세.
성삼문	그럼세. 정치 이야기는 쏙 빼고, 집현전 학사 시절 이야기나 하면서 말일세.

이순신 VS 원균

이순신

임진왜란이 일어났을 때 조선 수군에는 두 명의 이름난 장군이 있었어. 전라좌수사 이순신★과 경상우수사 원균★이야. 이 두 사람은 일본군의 침략에 맞서 싸웠는데, 서로 공을 세우려다가 사이가 나빠졌지. 두 사람 사이에 무슨 일이 있었는지 한번 알아볼까?

원균

■ 이순신과 원균이 살던 시대에는 무슨 일이 있었나?

조선은 세종 때의 대마도 정벌 이후 100년 동안 전쟁이 없었어. 그러다 보니 이렇다 할 전쟁 준비를 하지 못했지. 율곡 이이가 외적의 침략에 대비하여 '10만 대군 양병설'을 주장했지만,

그것은 수용되지 않았단다.

그런데 일본은 조선과 달리 '전국 시대'라고 하여 100년 동안 전쟁을 벌였어. 전국 시대를 끝내고 일본을 통일한 사람이 도요토미 히데요시야. 그는 힘 있는 영주들이 반란을 일으키지 않을까 늘 불안해했어. 그래서 영주들의 힘을 줄이고, 반대 세력의 관심을 밖으로 돌리려고 임진왜란을 일으켰단다.

전쟁은 1592년(선조 25년)부터 1598년까지 계속되었어. 1차 침략이 1592년 임진년에 일어나 '임진왜란', 2차 침략이 1597년 정유년에 일어나 '정유재란'이라고 해. 하지만 임진왜란이라고 하면 보통 정유재란을 포함하여 말한단다. 전쟁이 길어지면서 명나라도 참전하여 연합군이 일본군과 맞서 싸우는 국제 전쟁이 되었지.

1592년 4월 13일, 고니시가 이끄는 선발대를 선봉으로 하여 일본군 20여만 명이 부산포로 쳐들어왔어. 일본군은 부산성과 동래성을 함락한 뒤 세 길로 나뉘어 북상하여. 충주 탄금대에서 신립의 군대를 물리친 뒤 20일 만에 조선의 도읍인 서울을 점령했어. 선조는 서울을 떠나 평양을 거쳐 의주로 피난했지.

전쟁 초기에 일본의 기세는 대단했어. 6월에 평양을 점령하고 함경도 일대를 정복한 거야. 그런데 그 무렵 전국 곳곳에서 의병이 일어나고, 이순신과 원균이 이끄는 조선 수군이 활동을 개시하여 조선의 반격이 시작되었단다. 그리하여 불리했던 전세를 뒤집을 수 있었지.

■ 일본의 침략에 대비한 이순신

이순신은 조선 수군을 지휘하여 임진왜란을 승리로 이끈 장군이야. 그는 1545년(인종 1년) 서울 건천동(인현동)에서 태어났어. 어릴 적에 동네에서 병정놀이를 했는데, 그때마다 아이들은 꼭 그를 대장으로 삼았지.

이순신은 말타기와 활쏘기를 좋아하여 22세 때부터 무예를 배우기 시작했어. 28세 때 훈련원 별과에 응시했는데, 말에서 떨어져 다리가 부러지는 바람에 낙방하고 말았어. 그는 4년 뒤에야 비로소 식년 무과 시험에 급제함으로써 벼슬길에 오를 수 있었단다.

이순신은 1576년 함경도의 동구비보 권관으로 벼슬살이를 시작하여 발포 수군 만호 · 건원보 권관 · 훈련원 참군 · 사복시 주부 · 조산보 만호 등 여러 벼슬을 거쳤어. 그는 직무에 충실하고 원리원칙에 따르는 강직한 자세로 관직 생활에 임했지.

1591년 이순신은 전라좌수사로 승진하여 좌수영(여수)에 부임했어. 이순신을 선조에게 천거한 사람은 우의정 류성룡이었어. 그는 이순신의 어릴 적 친구로서 그의 인품과 능력을 너무나 잘 알고 있었어.

당시에 조정은 일본이 조선을 침략하지 않을 것이라는 견해가 지배

적이어서 전란에 대비하지 않았어. 경상도의 수사나 병사들도 별다른 준비 없이 허송세월하고 있었어.

그러나 이순신은 정세를 예의 주시하고 있었기에, 일본이 조선을 침략할 것을 미리 내다보고 전쟁 준비를 했어. 병사들을 훈련하고 화포를 만들며 전함을 건조했어. 이때 이순신이 고안한 비장의 무기는 거북선이었지. 거북선은 세계 최초의 돌격형 철갑 전선으로, 임진왜란 때 일본 수군을 공포에 떨게 했단다.

■ 여진족을 무찌르는 데 공을 세웠던 원균

원균은 1540년(중종 35년) 충청도 진위군(경기도 평택시) 도일동 마을에서 원준량의 아들로 태어났어. 그는 이순신보다 나이가 다섯 살 많았지.

그의 아버지 원준량은 홍문관 교리, 경상도 병마절도사 등을 지냈지. 원균은 원주 원씨 가문으로, 고려 태조 때 삼한 공신이었던 원극유의 후손이야. 원주 원씨는 대대로 무인을 배출했던 가문이므로, 원균도 그 출신답게 무과에 급제한 뒤 무인의 길을 걸어왔단다.

그는 선전관을 지낸 뒤 함경도 조산보 만호가 되었어. 이때 여진족을 무찌르는 데 공을 세웠지. 여진족은 그의 이름만 들어도 벌벌 떨며 공격을 멈추었다고 해. 원균은 이때 세운 공으로 벼슬이 높아져 부령부사가 되었어. 그리고 종성부사로 옮겨 병사 이일 밑에서 여진족의 근거지인 시전 부락을 격파했지. 이런 공으로 1592년(선조 25년) 경상우수사에 임명되었단다. 임진왜란이 일어나기 불과 석 달 전이었어.

원균이 부임했을 때 경상우수영에는 전선이 7~8척밖에 남아 있지 않았어. 수군 병력도 턱없이 부족했지. 그래서 원균은 사천·고성·곤양 등을 다니며 수군 병사들을 늘리고 전쟁 장비를 수리했단다.

부임한 지 3개월 뒤에 임진왜란이 일어났어. 일본군이 쳐들어온 부산포는 경상좌수영에 속했는데, 경상좌수사 박홍은 싸울 엄두도 못 내고 달아나 버렸어. 조선 수군 중 가장 규모가 컸던 경상좌수영은 적에 의해 무너지고 말았어.

이때 원균은 경상우수영 병사들을 이끌고 부산포 앞바다로 나갔지만, 일본군의 대병력에 놀라 싸우지도 못한 채 뿔뿔이 흩어졌어. 원균은 할 수 없이 전라좌수영의 이순신에게 구원병을 요청했어.

■ 사이가 나빴던 이순신과 원균

이순신은 원균의 구원병 요청에 곧바로 출전하지 않았어. 조정의 승낙 명령을 기다렸던 거야. 드디어 조정의 전투 명령이 내려지자, 1592년 5월 4일 새벽 85척의 병선을 이끌고 좌수영을 출발했어.

원균은 70여 척의 병선을 대부분 잃고 고작 6척으로 한산도에서 이순신과 합세했어. 옥포에는 30여 척의 적선이 정박하고 있었어. 이순신과 원균은 적선을 향해 대포와 불화살 공격을 퍼부었어. 눈 깜짝할 사이에 적선 26척이 불길에 싸여 침몰했지. 조선 수군의 첫 번째 승리였어. 이 승리로 일본 수군은 전라도 쪽으로 나아가지 못했단다.
　이어 합포(경남 마산) 앞바다에서 적선 5척, 다음 날 적진포(통영시 광도면)에서 적선 11척을 불태웠어.
　이순신을 비롯한 부하 병사들이 조정으로부터 상을 받았어. 원균은 자기 병사들은 아무런 상을 받지 못하자 기분이 좋지 않았어. 이때부터 두 사람은 사이가 나빠졌어. 합동 작전을 벌여도 따로따로 승전 보고를 올렸지.
　그 뒤 이순신이 삼도수군통제사가 되자 원균은 분통을 터뜨렸어. 원균은 나이도 많고 무과의 선배였는데, 이순신을 상관으로 모시게 된 거야.
　그러던 어느 날이었어. 일본군 장수 고니시 유키나가가 조선 수군이 계속 승리를 거두자 정보전을 벌였어. 간첩 요시라를 조선 조정에 보내 비밀편지를 전하게 한 거야. 그 내용은, 일본군 장수 가토 기요마사가 바다를 건너와 어느 섬에 묵을 테니 그를 사로잡으라는 것이었어.
　조선 조정은 이 정보를 믿고 이순신에게 출전하라고 명령했어. 하지만 이순신은 이를 거짓 정보로 생각하여 출전하지 않았어. 이 일로 이순신은 삼도수군통제사에서 쫓겨나 서울로 붙잡혀 오게 되었단다.
 삼도수군통제사 자리는 원균에게 돌아갔어. 그러나 원균은 7월 칠천량 해전에서 일본군의 기습을 받아 크게 패하고, 도망치다가 적병에게 죽임을 당하고 말았지.

■ **그 이후 역사는 어떻게 바뀌었을까?**

 칠천량 해전의 패배로 남은 것은 120명의 병사와 12척의 병선뿐이었어. 이때 이순신은 사형 직전에 구제되어 도원수 권율 밑에서 백의종군하고 있었어. 조정에서는 회의를 열어 이순신을 다시 삼도수군통제사로 임명했어. 조선 수군이 거의 전멸된 상황에서 이순신 말고는 맡을 장군이 없었던 거야.

 삼도수군통제사가 된 이순신은 12척의 병선으로 싸움에 나섰어. 일본군은 133척의 함대로 명량 앞바다를 새까맣게 뒤덮고 있었지.

 1597년 9월 16일 새벽. 싸움이 시작되었어. 이순신의 지휘에 따라 조선 수군 12척은 죽을힘을 다해 싸웠어. 적선을 향해 불화살이 비 오듯 쏟아지고, 대포가 불을 뿜었지. 공격은 숨 돌릴 틈도 없이 계속되었어. 적선

31척이 순식간에 부서졌고, 수많은 일본군 병사들이 죽거나 다쳤어.

이렇게 되자 당황한 일본 수군은 달아나기 시작했어. 단 12척의 배로 적선 133척을 물리친 거야. 명량 해전은 세계 해전 사상 그 유례를 찾아볼 수 없는 대첩이었어. 이 해전을 계기로 이순신은 단시일 내에 해상권을 되찾을 수 있었지.

1598년 8월 18일, 침략의 원흉인 도요토미 히데요시가 갑자기 죽었어. 그러자 일본군은 비밀리에 철수를 결정하고 그 준비를 서둘렀지.

그해 11월 19일, 이순신은 일본군의 철수 움직임을 간파하고 함대를 출동시켜 노량 앞바다에서 그들과 싸웠어. 하지만 그는 노량 해전에서 장렬히 전사했단다. 7년을 끌던 전쟁은 마침내 끝이 났지.

조선·일본·명나라에 전쟁이 미친 영향은 여간 크지 않았어. 조선은 땅이 황폐해지고 인명 피해가 심각했어. 전쟁, 기근, 전염병으로 많은 사람이 목숨을 잃었지.

일본은 도요토미 정권이 무너지고 도쿠가와 정권이 등장했어. 명나라는 대규모 참전으로 재정 형편이 어려워져, 50년 뒤 농민 반란과 후금(청나라)의 공격으로 끝내 멸망하고 말았단다.

이순신과 원균의 가상 대담

원균   이 장군을 이런 자리에서 만나다니……. 무슨 이야기부터 하는 것이 좋을까?

이순신   세상 사람들은 선배님보다 저를 더 뛰어난 장수라고 말하지만, 잘 알려지지 않은 진실이 있지요. 여진족은 선배님의 이름만 들어도 벌벌 떨지 않았습니까?

원균   이 장군이 그렇게 말해 주니, 기분이 좋은걸. 임진왜란이 끝난 뒤 이 장군과 나, 그리고 권율 장군이 일등 공신에 책봉되었지. 내가 만일 무능한 겁쟁이 장수였다면 조선 정부가 나를 일등 공신의 자리에 올렸겠는가?

이순신   물론입니다. 이제야 밝히는 바이지만, 조정이 선배님을 제쳐두고 새까만 후배인 저를 삼도수군통제사로 임명한 것은 문제가 있습니다.

원균   하하, 이 장군이 그렇게 말하니 나도 반성해야겠네. 이 장군이 미워서 공연히 헐뜯고 모함한 일들을 사과하네.

이순신   저도 선배님에게 잘못한 일이 있습니다. 옥포 해전이 끝난 뒤 혼자 승전 보고를 올렸지요. 제가 거느린 병력이 많아

　　　　　서 공을 더 많이 세웠다고요. 공명심에 사로잡혀 어이없는 짓을 했습니다.

원균　아니야, 나도 잘못이 많아. 이 장군과 내가 임진왜란 때 서로 사과하고 한마음이 되었다면, 전쟁을 일찍 끝낼 수 있었을 거야. 참 아쉬워.

최명길 VS 김상헌

병자호란 때 인조 임금과 대신들은 청나라 군대의 침략을 받아 급히 남한산성으로 피신했어. 이때 청나라 군대가 들이닥쳐 남한산성을 포위했지. 성안에 있던 사람들은 청나라와 화의하자는 쪽과 싸워야 한다는 쪽으로 나뉘었는데, 이를 대표하는 사람이 최명길과 김상헌이었어. 두 사람이 어떻게 맞섰는지 자세히 알아볼까?

■ **최명길과 김상헌이 살던 시대에는 무슨 일이 있었나?**

조선 제15대 왕 광해군이 임금이 되었을 때 만주에서는 여진족이 세력을 키우고 있었어. 누르하치★는 여진족의 여러 부족을 통일하더니, 1616년 금나라를 계승한다며

후금을 세운 누르하치

'후금'이라는 나라를 세웠단다.

당시에 명나라는 점점 쇠퇴하는 데 비해, 후금은 국력을 키워 강한 나라로 성장하고 있었어. 광해군은 이런 현실을 냉철하게 들여다보고 아주 신중한 외교 정책을 펼쳤어. 명나라와 후금 사이에서 줄타기하며 중립적인 외교 정책을 취한 거야. 그러나 광해군을 몰아내고 왕위에 오른 인조는, 명나라 편에 서서 후금을 멀리했어. 그러자 후금은 이를 경계하여 명나라보다 조선을 먼저 쳐야 한다고 여겼단다.

정묘호란과 병자호란을 일으킨 홍타이지

그러던 중 조선에 강경책을 펴야 한다고 주장하던 홍타이지(청 태종)*가 누르하치에 이어 왕위에 올랐어. 청 태종은 1627년(인조 5년) 3만 대군을 보내 조선을 침략했는데 이것이 정묘호란이야.

후금은 조선과 형제국의 맹약을 맺고 군대를 철수했어. 그 맹약은 조선이 후금을 형의 나라로 섬기는 것이었지.

그런데 1636년, 청 태종은 국호를 후금에서 '청'으로 바꾸고 스스로 황제라 칭했어. 그러면서 조선에 대해 형제가 아닌 군신 관계로 바꿀 것을 요구했지. 조선이 이를 거부하고 명나라만을 섬기려고 하자, 병자년인 1636년 12월 9일 청 태종은 12만 대군을 이끌고 조선을 공격했어. 이것이 병자호란이야.

■ '주화론'으로 나라를 살린 최명길

최명길*은 조선 중기의 정치가이자 학자야. 1586년(선조 19년) 영흥부사를 지낸 최기남의 둘째 아들로 금천에서 태어났어.

그는 어려서부터 몸이 약하고 키가 작았어. 하지만 남달리 총명하고 영특했지. 8세 때부터 글을 배웠는데, "오늘은 증자가 되고 내일은 안자가 되며, 그 이튿날은 공자가 되리라."고 말하여 부모님을 놀라게 했지.

최명길

오늘은 증자가 되고 내일은 안자가 되며 그 이튿날은 공자가 되리라.

최명길은 10세 때부터 시를 쓰고 문장을 짓기 시작했단다. 그는 어릴 적에는 아버지에게 글을 배우다가 윤두수의 제자가 되었으며, 당대의 석학인 이항복, 신흠에게 본격적으로 학문을 익혔어. 이때 함께 배웠던 장유·이시백 등과는 평생 친구로 가깝게 지냈단다.

최명길은 20세인 1605년(선조 38년) 초시에 합격한 뒤 이어서 문과에 급제하여, 한 해에 소과와 대과를 모두 통과하는 천재성을 발휘했어. 그 뒤 벼슬길로 나아가 권지 승문원을 거쳐 성균관 전적·공조좌랑·병조좌랑 등을 지냈는데, 1614년(광해군 6년) 명나라 사신 일행과의 접촉 금지 원칙을 어겼다는 이유로 파직되었단다.

최명길은 1623년 친구 이시백의 아버지인 이귀, 김류, 신경진, 이서 등의 서인 세력이 일으킨 인조반정에 참가하여 공신이 되었어. 그 뒤 이조참의·이조참판·홍문관 부제학·사헌부 대사헌 등을 지내며 출셋길을 달렸지.

1627년 정묘호란이 일어나자 대다수 신하들은 후금과 결사 투쟁을 해야 한다고 주장했어. 하지만 최명길은 이귀와 함께 적의 군대가 강하니 화의를 맺자고 '주화론'을 주장하여, 결국 조선은 후금과 형제의 맹약을 맺게 되었지. 그리하여 후금 군이 조선에서 철수했지만, 최명길은 반대파에게 비판받았어. 하지만 최명길의 주화론은 조선을 전쟁의 위기로부터 살릴 수 있었단다.

후금과의 평화는 오래 가지 못했어. 후금이 '청'으로 국호를 바꾸고 1636년 조선으로 쳐들어온 거야. 병자년에 일어난 이 전쟁(병자호란)에서 최명길은 김상헌 등과 대결하여 또다시 나라를 살리는 일에 발 벗고 나섰어.

■ 절개와 충정을 지닌 김상헌

김상헌은 조선 중기의 정치가이자 학자야. 아버지는 돈녕부 도정이었던 김극효이고, 어머니가 좌의정 정유길의 딸이지. 형은 병자호란 때 강화도가 함락하자 순국했던 우의정 김상용이야. 김상헌은 안동 김씨 가문 출신으로, 그의 후손들 가운데 재상 13명, 판사·참판 수십 명이 나왔단다.

그는 1570년(선조 3년), 서울 중부 수진방의 외가에서 태어났어. 2년 뒤 현감이었던 큰아버지 김대효가 후손 없이 세상을 뜨자, 그의 양자로 들어갔지.

김상헌은 9세 때부터 글을 배우기 시작하여 윤근수의 문하에서 공부했어. 특히 〈소학〉을 열심히 공부하여 평생 〈소학〉의 가르침대로 살았다고 해.

그는 1590년(선조 23년) 진사가 되었고, 1596년 임진왜란 중에 열린

정시 문과에 병과로 급제하여 승문원 부정자로 벼슬살이를 시작했지. 그 뒤 부수찬·예조좌랑·부교리·교리·응교·직제학·동부승지 등을 거쳤단다.

김상헌은 성품이 강직하고 올곧았어. 그래서 〈조선왕조실록〉은 그에 대해 이렇게 평했지.

'……사람됨이 바르고 강직하며 남달리 자기 주관이 뚜렷했다. 집안에서는 효도와 우애가 독실했고, 조정에서 벼슬한 지 거의 50년이 되었는데, 큰일이 있을 때마다 반드시 자기 말을 다 하고 조금도 소신을 굽히지 않았다. 자기 말이 받아들여지지 않으면 번번이 관직을 사직하고 집으로 물러났다.'

김상헌은 인목대비의 서궁 유폐 등에 반대했는데, 임금을 쫓아내고 새 임금을 세우는 일은 도리에 맞지 않는다며 인조반정에는 참여하지 않았어. 하지만 그 뒤에도 이조참의를 시작으로 대사헌·대사성·대제학·6조 판서를 두루 지냈단다.

그는 1627년(인조 5년), 정묘호란이 일어났을 때 사신으로 중국에 갔다가 명나라에 구원병을 청했어. 그리고 조선에 돌아와서는 후금과의 화의를 끊으라고 강하게 주장했어. 1636년 병자호란 때는 청나라와의 화의를 반대하며, 반대 의견을 내세우던 최명길과 팽팽히 맞섰어.

■ 최명길과 김상헌, 남한산성에서 주화론과 주전론으로 맞서다

1636년(인조 14년) 12월 9일 청 태종은 12만 대군을 이끌고 마침내 조선으로 쳐들어왔어. 청나라 군대는 얼어붙은 압록강을 건너 서울로 진격했어. 청나라 군대는 어찌나 빨리 나아가는지 불과 10여 일 만에 서울 근처에 이르렀어. 그때 신하 한 사람이 임금에게 달려와 다급한 목소리로 말했어.

"전하, 큰일 났습니다. 오랑캐들이 이미 양천강을 건너 피난길을 막고 있다고 하옵니다."

양천강은 지금의 마포 앞 한강인데, 강화로 가려면 그곳을 거쳐 가야 했어. 인조는 서울을 떠나 강화로 피난을 가려고 했어. 그런데 청나라 군대가 길목을 지키고 있어서 포기할 수밖에 없었어.

인조는 창백해진 얼굴로 신하들에게 물었어.

"강화 길이 막혔으니, 인제 어디로 가야 하단 말이오."

"한시가 급하니, 남한산성으로 가시는 것이 좋을 듯싶습니다."

인조는 신하들의 의견을 좇아 급한 대로 남한산성으로 피난을 갔어. 하지만 이틀 뒤 청나라 군대가 포위하는 바람에, 인조와 신하들은 그곳에 갇혀 지내게 되었어.

청 태종은 항복을 요구했어. 그러자 성안에 있던 신하들은 청나라와 화의를 하자는 주화론과, 끝까지 싸우자는 주전론으로 나뉘어 팽팽히 맞섰어. 주화론을 주장하는 것은 예조판서 최명길이고, 주전론을 주장하는 것은 이조판서 김상헌이었어.

"국가의 종묘사직을 지키려면 청나라와 화의를 해야 합니다."

"아닙니다. 우리는 목숨을 바쳐 오랑캐들과 싸워야 합니다."

그러나 싸워 봐야 승리할 가망이 없다는 사실을 잘 아는 인조는 청나라에 항복할 것을 결정했단다.

그때 최명길이 항복 문서를 작성하자, 김상헌은 통곡하며 찢어 버렸

어. 최명길은 그것을 다시 주워 모아 붙인 뒤 청 태종에게 전했어. 결국 인조는 45일 만에 남한산성에서 나와, 삼전도에서 청 태종에게 항복 의식을 치렀단다.

■ 그 이후 역사는 어떻게 바뀌었을까?

1637년 1월 30일 삼전도에서 이루어진 항복 의식은, 인조가 청 태종에게 세 번 큰절하고 아홉 번 머리를 조아리는 치욕적인 것이었어. 이로써 병자호란은 끝났고, 조선은 청나라와 군신 관계를 맺고 조공을 바쳐야 했지.

그로부터 보름 뒤 청 태종은 철수하면서 소현세자와 봉림대군, 그리고 청나라와 끝까지 싸울 것을 주장했던 홍익한·윤집·오달제 등의 삼학사를 청나라 수도 선양으로 인질로 끌고 갔어. 또한 조선인 수만 명을 포로로 데려갔는데, 그 가운데 상당수가 여자였어. 그 이유는 여자들을 돌려주는 조건으로 돈을 뜯어내기 위해서였지. 돈 있는 집에서는 끌려간 아내나 딸을 되찾는 데 적게는 25냥에서 많게는 1,500냥을 썼대.

청나라에 포로로 끌려갔다가 돌아온 여자들은 '고향으로 돌아왔다'고 하여 '환향녀'라고 불렀어. 그런데 이 여자들은 청나라에서 순결을 지키지 못하고 몸을 더럽혔다고 하여 남편에게 버림받거나 시집을 못 가게 되었단다.

소현세자와 봉림대군이 인질에서 풀려나 조선으로 돌아온 것은 8년 만인 1645년(인조 23년)이었어. 얼마 뒤 의문의 죽임을 당한 소현세자를 대신하여 왕위에 오른 봉림대군(효종)은 '삼전도의 굴욕'을 잊지 못했어. 그래서 병자호란의 치욕을 씻고 북쪽의 청나라를 정벌하겠다며 '북벌'을 준비했어. 군사력을 재정비하고 군대 양성에 힘쓴 거야. 하지만 효종의 갑작스러운 죽음으로 북벌의 꿈은 이루어지지 않았단다.

한편, 병자호란 후 김상헌과 최명길은 청나라의 수도 선양으로 끌려가 감옥살이를 했어. 김상헌은 명나라와 내통하고 청나라에 반대한다는 이유로, 최명길은 청나라에 협조하지 않는다는 이유로 말이야. 당시 이들은 같은 감옥에서 벽 하나를 사이에 두고 만나 극적으로 화해를 했다는구나.

최명길과 김상헌의 가상 대담

김상헌	최 대감, 오랜만입니다. 별일 없으셨지요?
최명길	이렇게 뵙게 되어 반갑습니다. 그동안 평안하셨습니까?
김상헌	우리가 청나라 선양의 감옥에서도 꿋꿋하게 버텼는데, 어디를 가든 불편할 리 있겠습니까?
최명길	하하, 옳은 말씀입니다. 그때 우리는 남관 감옥에서 벽 하나를 사이에 두고 갇혀 있었지요. 둘 다 독방에 있었지만, 벽이 허술하여 많은 이야기를 나눌 수 있었어요.
김상헌	그래요. 우리가 오랑캐 군대에 맞서 남한산성에 있을 때는 서로 의견이 달라 많이 싸웠지요. 하지만 감옥에서는 대감의 참모습을 볼 수 있어 좋았어요. 솔직히 말해서 나는 대감을 도의를 저버린 겁쟁이다, 나라를 팔아 버린 매국노로 보았어요. 그런데 막상 겪어 보니 대감이야말로 애국자 중의 애국자이더군요.
최명길	나도 대감을 명분만 앞세우고 명예만 추구하는 사람으로 여겼어요. 하지만 대감은 죽음을 각오하고 변함없이 절개를 지키는 분임을 뒤늦게 알았지요.

김상헌	우리끼리 감옥에서 주고받은 시가 있지요?
최명길	예, 기억합니다. 대감께서는 "이제야 서로의 우정을 되찾으니/문득 백 년 의심이 풀리는구나."라고 쓰셨지요.
김상헌	최 대감의 시를 외워 볼까요? "그대의 마음은 돌 같아/끝내 돌이키기 어렵지만/내 마음은 둥근 고리 같아/때로는 돌아간다오."
최명길	하하, 서로의 마음을 담아 쓴 시이지요. 다시 들어도 좋네요.
김상헌	하하, 그래요. 그때부터 우리는 마음을 터놓게 되었지요.

인현왕후 VS 장희빈

　인현왕후와 장희빈이 등장하는 역사 드라마를 본 적이 있니? 두 사람은 숙종의 여자로, 왕비 자리를 놓고 다투었지. 두 사람 뒤에서 서인과 남인은 또한 치열한 당파 싸움을 벌였단다. 이번에는 인현왕후를 중심으로 하는 서인과 장희빈을 중심으로 하는 남인이 서로 맞서는 역사 현장으로 떠나 볼까?

■ 인현왕후와 장희빈이 살던 시대에는 무슨 일이 있었나?

　조선 중기부터는 '붕당'을 결성하여 붕당 정치를 했어. '붕당'이란 '붕(朋)'과 '당(黨)'을 합친 말이야. '붕'은 같은 스승 밑에서 의리인 도를 함께 배우던 무리이고, '당'은 이해관계를 중심으로 모인 집단이지.

사림 세력은 중종 때부터 지방에서 올라오기 시작하여, 선조가 즉위하면서 중앙 정계를 주도하게 되었어.

하지만 이들은 김효원과 심의겸이 이조전랑 자리를 놓고 다투면서 둘로 갈라지게 되었어. 김효원을 지지하는 세력은 동인, 심의겸을 지지하는 세력은 서인이라 했어. 김효원의 집이 서울 동쪽인 건천동(인현동), 심의겸의 집이 서울 서쪽인 정동에 있었거든.

1588년(선조 21년) 정여립의 모반 사건이 일어났을 때, 서인은 기축옥사를 일으켜 동인을 몰아내고 정권을 잡았어. 그때 동인은 큰 피해를 입었는데, 다시 정권을 잡으면서 서인의 처벌 문제를 놓고 다투어 남인과 북인으로 나뉘었지.

광해군 때는 북인이 정권을 잡았다가, 서인이 인조반정으로 다시 정국을 주도했어. 하지만 현종이 죽고 숙종이 즉위하면서 서인 정권이 무너지고 남인 정권이 성립되었어. 그렇지만 숙종 대에는 남인과 서인의 당파 싸움이 활발하게 전개되어, 집권 정당이 수시로 바뀌는 '환국 정치'가 이루어졌지.

이처럼 붕당 정치가 치열하던 시기에 인현왕후는 서인을, 장희빈은 남인을 등에 업고 서로 맞섰던 거야.

■ **숙종의 애정을 받지 못했지만,
성품이 어질고 덕이 높았던 인현왕후**

인현왕후 민씨는 조선 제19대 왕 숙종의 두 번째 왕비야. 1667년(현종 8년) 서울의 감고당에서 태어났지. 명문가인 여흥 민씨의 규수로, 서인인 병조판서 민유중의 둘째 딸이야. 외조부인 송준길은 서인의 거두인 송시열의 친척 형으로, 그와 함께 서인을 이끌며 학자로서 존경받고 있었지.

인현왕후는 어려서부터 성품이 어질고 덕이 높았다고 해. 그래서 야사에는 이런 이야기가 전해지고 있어.

어린 시절 아버지 민유중이 영광군수로 부임하게 되었어. 그가 딸을 데리고 영광을 향해 가는데, 태인면 거산리의 대각교에서 한 여자아이가 굶주림에

145

떨고 있는 거야. 전염병으로 부모를 잃은 불쌍한 아이였지. 인현왕후는 아버지에게 청하여 그 아이를 집에 데려와 먹을 것을 주었어. 그 아이는 인현왕후의 여종이 되었단다. 아이는 인현왕후가 왕비가 되었을 때 대궐로 함께 들어왔어. 그리고 뒷날 숙종의 눈에 띄어 영조를 낳게 되었지. 그가 바로 영조의 어머니인 숙빈 최씨야.

숙종의 첫 번째 왕비는 인경왕후 김씨야. 서인의 대표 가문인 광산 김씨 출신인데, 두 딸을 낳고 스무 살 젊은 나이에 천연두를 앓다 세상을 떠났지. 그래서 서인 쪽에서는 자기네 출신 왕비를 계속 두려고 1681년 송시열의 추천으로 서인인 민유중의 딸을 왕비로 뽑았단다.

그러나 그때 숙종은 사랑하는 여자가 따로 있었어. 그가 바로 남인 집안 출신인 궁녀 장옥정이야. 숙종은 장옥정에게 푹 빠져 있어 인현왕후에게는 눈길 한 번 주지 않았지.

■ 왕자를 낳은 장희빈

장희빈의 이름은 장옥정이고, '희빈'은 후궁의 지위 가운데 하나야. 장옥정은 아버지 장형과 어머니 윤씨 사이에서 막내딸로 태어났어.

아버지는 대대로 역관[6]을 지낸 집안의 출신이었어. 장옥정의 종숙부

---

6) 역관: 조선 시대 통역을 맡아 보던 관리로, 중인 계급에 해당되었다.

인 장현은 역관을 하면서 중국과 무역업을 하여 조선에서 손꼽히는 부자가 되었지. 그는 남인 세력과 가까워 그들의 경제적 후원자 노릇을 했어.

장옥정의 어머니 윤씨는 조사석 집안의 노비였다는 기록이 〈조선왕조실록〉에 남아 있어. 〈조선왕조실록〉에 따르면, 장옥정은 '머리를 땋기 시작할 때 궁중에 들어왔다.'고 해. 10세 전후로 짐작되는데, 장옥정은 '자못 얼굴이 아름다웠다.'고 기록되어 있어. 따라서 금방 숙종의 눈에 띄어 그의 사랑을 받았지.

이때는 첫 번째 왕비인 인경왕후가 세상을 떠난 뒤인 1680년(숙종 6년)경이었어. 남인 세력인 장옥정이 숙종의 사랑을 받자, 서인들은 불안감을 감추지 못했어. 숙종에게는 아들이 없었거든. 만약에 장옥정이 아들을 낳는다면, 왕이 되어 조정을 남인들이 장악할 것이었어. 이에 서인들은 숙종의 어머니인 명성황후 김씨를 움직여 장옥정을 궁 밖으로 쫓아냈단다.

그 무렵 서인들은 남인 세력의 영수 허적의 서자 허견이 역모를 꾸몄다고 고발하여 남인들을 쫓아내고 정권을 잡았어. 이 사건을 '경신환국'이라고 해. 이 일로 남인들을 돕던 장현은 함경도로 유배를 가게 되었지. 하루아침에 서인들의 세상이 된 거야.

장옥정은 궁 밖에서 우울한 나날을 보내야 했단다. 하지만 1686년 명

성황후가 세상을 떠나면서 장옥정에게 기회가 찾아왔어. 인현왕후는 숙종이 진심으로 사랑한다는 사실을 알고, 다시 장옥정을 궁중으로 불러들였어. 그리하여 1688년, 장옥정은 마침내 왕자를 낳았단다. 이 왕자가 바로 숙종의 뒤를 이어 왕위에 오른 경종이야.

■ 인현왕후와 장희빈, 당파 싸움의 희생양이 되다

아들을 얻은 숙종은 기쁨을 감추지 못했어. 그는 왕자가 태어난 지 석 달도 채 되지 않아 대신들을 한자리에 불러 놓고 중요한 발표를 했어.

"왕자 윤을 원자로 삼겠소."

대신들은 놀라는 표정을 지었어.

"전하, 태어난 지 석 달도 채 되지 않았는데, 후궁의 자식을 원자로 삼으시겠다니요?"

대신들은 일제히 반대하고 나섰어. 특히 서인들은 남인 세력의 딸인 장옥정이 낳은 아들이기에 결사적으로 반대했지.

하지만 숙종은 모든 반대를 물리치고 왕자 윤을 원자로 삼으며 장옥정을 '희빈'으로 승격했단다. 그러자 서인의 우두머리인 송시열이 숙종에게 상소문을 올렸어.

"전하, 중전마마는 이제 겨우 23세입니다. 곧 왕자를 낳으실 텐데, 어찌하여 후궁의 자식을 원자로 삼으십니까?"

송시열까지 반대하고 나서자 숙종은 화가 치밀어 올랐어.

"이미 끝난 일이다. 그런데 또 그 일을 꺼내다니, 왕권에 대한 도전 아니냐?"

숙종은 송시열을 귀양 보내고 사약을 내려 죽였어. 그리고 자신에게 반대한 서인들을 모두 쫓아내고 남인들을 등용했지. 이 사건을 '기사환국'이라고 해.

기사환국은 인현왕후에게 영향을 주었어. 숙종은 서인들이 지지하는 인현왕후를 왕비 자리에서 물러나게 한 거야. 그 대신 원자가 세자가 되면서 장희빈은 왕비 자리에 올랐지.

그러나 장희빈은 왕비 자리에 오랫동안 앉지 못했어. 남인들이 장옥정을 등에 업고 권력을 휘두르자, 숙종은 왕권에 위협을 느껴 왕비를 희빈으로 끌어내리고 인현왕후를 다시 그 자리에 앉혔지. 또한 남인들을 쫓아내고 서인들을 등용했어. 이 사건을 '갑술환국'이라고 해.

그때 서인은 인현왕후의 복위 문제를 놓고 노론과 소론으로 나뉘었어. 노론은 인현왕후의 복위를 찬성했던 반면에, 소론은 장옥정의 왕비 자리를 그대로 두자고 했지.

■ 그 이후 역사는 어떻게 바뀌었을까?

왕비 자리에서 쫓겨난 장희빈은 울분을 느꼈어.

'나를 왕비 자리에서 쫓아내? 전하께서는 나를 사랑했으면서 어쩜 그럴 수가 있나?'

장희빈은 숙종이 원망스러웠어. 그래서 숙종에게 문안 인사조차 하지 않았지.

'나는 다시 왕비가 되어야 한다. 어떻게 하면 왕비 자리를 찾을 수 있을까?'

그때 장희빈에게 인현왕후가 몸이 아파 시름시름 앓고 있다는 소식이 전해졌어.

'그래, 왕비가 죽으면 내가 다시 왕비가 될 수 있겠지?'

이렇게 생각한 장희빈은 자신의 숙소인 취선당 뒤쪽 별채에 신당을 차렸어. 그러고는 인형에 왕비 옷을 입혀놓고 바늘로 찔러대며 인현왕후를 저주했지.

"왕비야, 어서 죽어라! 죽어라!"

장희빈의 저주가 통했는지 1701년 9월 16일 인현왕후는 병을 앓다가 죽고 말았어. 다시 왕비가 된 지 8년 만이었지.

그런데 얼마 뒤, 장희빈이 인현왕후를 저주하여 죽게했다는 소문이 퍼졌어. 남인들이 다시 집권하는 것을 두려워한 노론은 장희빈을 천하의 악녀로 몰아세웠지. 결국 숙종은 인현왕후를 저주했다는 죄로 장희빈에게 사약을 내렸어.

이 일로 노론의 정적인 남인과 소론이 큰 화를 입었어. 남인들은 완전히 몰락하여 두 번 다시 정권을 잡지 못했고, 갑술환국으로 정국을 주도했던 소론은 그 권력을 노론에게 넘겨야 했지. 하지만 그 뒤 경종 대에는 다시 노론이 몰락하고 소론이 득세했어. 숙종의 넷째 아들인 연잉군은 노론의 지원으로 세자가 되고, 경종의 뒤를 이어 즉위하여 영조가 되었지. 영조는 당쟁의 폐해를 몸소 겪었기 때문에 노론과 소론을 고루 등용하는 탕평책을 쓰게 되었단다.

인현왕후와 장희빈은 당파 싸움이 치열했던 숙종 대에 서인과 남인의 권력 투쟁의 희생양이었어. 이들이 당파 싸움의 소용돌이 속에서 왕비 자리를 놓고 다투지 않았다면 그처럼 불행하게 인생을 끝내지 않았을 거야.

인현왕후와 장희빈의 가상 대담

인현왕후 희빈, 우리나라 역사 드라마 중에 가장 많이 다루어진 것이 누구 이야기인지 아십니까? 바로 장희빈 이야기입니다. 나는 희빈 덕분에 유명해졌지요.

장희빈 송구스럽습니다. 현대인들이 우리가 살았던 시대의 이야기를 듣고 싶어 한다는 것을 반겨야 할지 어쩔지……. 저는 역사 드라마에서 장희빈은 '악녀', 중전마마는 '성녀'로 그려 놓은 것이 불만입니다. 역사적 사실을 제대로 알지 못하고 야사에 의존하여 그런 이야기를 마구 지어내다니요.

인현왕후 역사 드라마는 극적인 사건을 다루어야 하기에, 역사적 사실보다 지어낸 이야기를 많이 담을 수밖에 없지요. 그나저나 당시 우리가 살았던 시대를 돌아보면 회한이 많이 남습니다.

장희빈 저는 전하에 대해 서운한 점이 많습니다. 중전마마께서도 아시는 바이지만, 당파 싸움을 연출한 것은 바로 전하 아닙니까? '환국 정치'라고 하여 전하 마음대로 집권 정당을 바꾸다니요.

인현왕후	그 바람에 많은 사람들이 피를 흘렸지요. 전하께서는 약해진 왕권을 회복하려고 그런 정책을 펼치신 거예요.
장희빈	그래도 저는 한때 전하의 사랑을 받았지요. 중전마마께 죄송한 마음입니다.
인현왕후	지난 이야기를 하면 뭐 하겠어요? 서로 미워하는 마음이 좀 남아 있더라도, 이번 기회에 다 씻어 버립시다. 좋은 일만 기억하고요.
장희빈	그렇게 말씀해 주시니 감사합니다. 중전마마께서는 여전히 성품이 어질고 덕이 높으시군요.

흥선 대원군 VS 명성황후

사극을 좋아하는 친구라면 흥선 대원군과 명성황후가 누구인지 잘 알 거야. 흥선 대원군은 고종의 아버지이고, 명성황후는 고종의 부인이지. 그런데 흥선 대원군과 명성황후가 시아버지와 며느리 사이인데, 어떻게 맞수가 되었을까? 지금부터 역사의 현장으로 들어가 두 사람을 만나 볼까?★

흥선 대원군

■ 흥선 대원군과 명성황후가 살던 시대에는 무슨 일이 있었나?

19세기 중반부터 서양 열강들은 동아시아로 눈길을 돌렸어. 이들은 청나라·일본 등 여러 나라에 배를 보내 무역을 하자고 요구했지. 산업

혁명으로 상품을 많이 생산했던 서양 열강들은, 소비할 시장과 원료 공급지가 필요했던 거야.

이들 나라들은 군함을 앞세우고 쳐들어와, 나라의 문을 열라고 강요했어. 이에 못 이겨 일본은 미국과 통상 조약을 맺었어. 청나라는 영국·프랑스와 전쟁을 벌였지만, 수도인 베이징이 함락 위기에 처하자 할 수 없이 조약을 체결했지. 그 무렵, 조선도 나라의 문을 열라는 요구를 받고 있었어. 영국·프랑스·러시아 등의 배들이 조선의 해안에 나타나 무역을 하자고 청했지.

그러나 조선은 나라의 문을 굳게 걸어 잠그고, 이들의 통상 요구에 응하지 않았어. 청나라·일본 등 동아시아의 강대국들이 속속 무릎을 꿇는 모습을 보고 위기감을 느꼈기 때문이야.

이때 조선에서는 안동 김씨의 세도 정치가 벌어지고 있었어. 제23대 순조 대부터 시작되어 제24대 헌종, 제25대 철종 대까지 64년 동안 계속되었지. 제22대 정조가 세상을 떠난 뒤 어린 순조의 장인이 된 김조순이 자기 친척을 무더기로 중요한 벼슬자리에 앉히면서 안동 김씨의 세도 정치가 시작되었어.

이처럼 나라 안팎으로 어려울 때, 난국을 해결하려고 나선 사람이 흥선 대원군이야. 흥선 대원군은 아들이 임금 자리에 앉자 권력을 잡고 안동 김씨의 세도 정치를 끝냈어. 그리고 나라 문을 굳게 닫는 쇄국 정

책을 펼쳤지. 또한 명성황후를 고종과 혼인시켜 며느리로 맞이했단다.

■ 어린 아들을 대신해 권력을 잡은 흥선 대원군

흥선 대원군은 조선 말기의 정치가로, 고종의 아버지야. 영조의 5대 손으로 본래 이름이 이하응이지.

그는 아들이 임금이 되기 전까지는 건달 노릇을 하며 지냈어. 권력을 잡고 있던 안동 김씨 가문을 찾아가 벼슬자리를 부탁하는가 하면, 여기저기 술을 구걸하며 다니기도 했어. 그래서 그에게 '상갓집 개'라는 별명이 붙었어. '상갓집 개'란 초라한 행색으로 잔칫집을 기웃거리며 술과 밥을 얻어먹는 사람을 말해.

사실 흥선 대원군이 이런 생활을 한 것은 화를 피하기 위해서야. 당시 세도를 부리던 안동 김씨 일족은 허수아비 임금을 세워 놓고, 왕족 가운데 걸림돌이 될 만한 사람을 가차 없이 없애 버렸거든.

그러나 흥선 대원군에게 기회가 찾아왔어. 뒤를 이을 왕자가 없는 철종이 폐병에 걸려 죽자, 그의 둘째 아들 명복(어릴 적 이름 개똥이)이 임금(고종)의 자리에 오른 거야.

고종이 12세밖에 되지 않아 흥선 대원군은 어린 아들을 대신해 나랏일을 돌보았어. 하루아침에 권력을 잡은 그는 안동 김씨 일족을 내쫓고 새로운 인재를 뽑았지. 그리고 당파 싸움의 근거지인 서원을 없애고, 왕실의 권위를 높인다며 임진왜란 때 불탄 경복궁을 고쳐 지었어. 또한 통상 무역을 하자는 프랑스·미국과 전쟁을 벌이며 쇄국 정책을 고수했지.

1866년 흥선 대원군은 고종의 비를 뽑기로 했어. 그는 12세부터 17세까지의 처녀들은 당분간 결혼해서는 안 된다는 금혼령을 내렸어. 그때 흥선 대원군의 부인인 부대부인 민씨가 이렇게 말했어.

"우리 여흥 민씨 가문에 좋은 규수가 있습니다. 제 동생 승호가 양자로 들어간 집안에 자영이라는 처녀가 있습니다. 돌아가신 아버지에게 어려서부터 학문을 배웠다는군요. 아주 총명하고 슬기로워 여느 명문 집안의 따님과 견주어도 못한 점이 없습니다."

흥선 대원군은 부인의 말을 듣고 생각에 잠겼어.

'으음. 아버지도 친형제도 없다니, 왕비가 되더라도 외가 쪽 친척의 세도 정치는 하지 못하겠군. 민승호가 있긴 하지만, 나의 처남이 아닌가? 그만하면 며느릿감으로 충분해.'

흥선 대원군은 민자영을 적극 추천하여 대왕대비 조씨에게 고종의 비로 간택하도록 했어. 민자영이 바로 명성황후야.

■ 흥선 대원군과 맞선 명성황후

명성황후는 과천현감·덕천군수·영천군수 등을 지낸 민치록의 외동딸이야. 성이 민씨이고 이름은 자영이지. 그래서 '민비'라고 불리기도 해. 경기도 여주에서 태어나 16세에 고종과 결혼하여 왕비가 되었어.

그러나 명성황후는 고종의 사랑을 받지 못했어. 고종에게는 결혼 전부터 사랑했던 이 상궁이란 여자가 있었거든. 1868년 이 상궁이 왕자를 낳았어. 완화군 '선'이었지. 왕실에서는 큰 경사라고 기뻐했어. 흥선 대원군은 완화군을 매우 아끼고 사랑했지. 심지어 고종의 뒤를 이을 세자로 삼으려 한다는 소문까지 돌았단다. 명성황후는 이런 시아버지가 몹시 원망스러웠어.

그 뒤 명성황후는 1871년, 바라던 왕자를 낳았어. 그런데 태어난 지 사흘 만에 죽고 말았어. 흥선 대원군이 보낸 산삼 섞인 한약을 먹였는데, 명성황후는 아무래도 그것 때문인 것 같았어.

명성황후는 시아버지가 자신을 미워하여 왕자를 죽였다고 생각했어. 이때부터 명성황후는 흥선 대원군을 적대시하여 그와 맞서게 되었다는구나.

1871년, 고종은 스무 살이 되었어. 명성황후는 고종에게 흥선 대원군의 그늘에서 벗어나 나라를 직접 다스리라고 권했지.

하지만 흥선 대원군은 권력을 아들에게 넘겨주고 싶지 않았어. 그럴

즈음, 흥선 대원군에 반대하던 유학자 최익현이 상소문을 올렸단다.

"전하께서 성년이 되셨습니다. 이제는 흥선 대원군이 섭정을 거두고 물러나야 합니다."

더 이상 버틸 명분이 없는 흥선 대원군은 섭정의 자리에 오른 지 10년 만에 물러났지. 이리하여 고종이 직접 나라를 다스리게 되었단다.

그런데 최익현에게 상소문을 쓰게 한 사람은 명성황후였어. 마침내 흥선 대원군에 맞서 승리를 거둔 거지.

■ **흥선 대원군과 명성황후의 불꽃 튀는 대결**

섭정의 자리에서 물러난 흥선 대원군은 경기도 양주의 별장에서 지냈어. 그는 생각할수록 분하고 억울했어.

'나를 쫓아낸 것은 왕비와 민씨 일가야. 나를 반대하는 최익현을 움직여 섭정을 그만두라는 상소문을 올리게 했겠지.'

명성황후를 향해 복수의 칼을 갈고 있던 흥선 대원군에게 드디어 기회가 찾아왔어. 1881년, 구식 군대 군인의 폭동으로 임오군란이 일어난 거야.

구식 군대 군인들은 월급이 13개월이나 밀리는 등, 신식 군대인 별기군에 비해 차별받고 있었어. 구식 군대는 별기군을 공격하고 대궐로 쳐들어갔어. 명성황후를 잡아 죽이기 위해서였지. 하지만 명성황후는 무예별감 홍계훈의 도움으로 간신히 대궐을 빠져나와 경기도 여주를 거쳐 충북 충주로 피신했단다.

군인들을 뒤에서 지휘한 사람은 흥선 대원군이었어. 그는 임오군란으로 다시 정권을 잡았지. 흥선 대원군은 명성황후를 끝내 찾지 못하자, 난리 중에 죽었다고 발표했어. 그러고는 장례까지 치렀지.

그러나 고종은 명성황후가 살아 있다는 것을 알고 있었어. 명성황후가 비밀리에 편지를 보냈거든. 고종은 명성황후가 일러준 대로 청나라에 군대를 보내 달라며 도움을 청했어. 청나라 군대가 오자 군란은 금방 진압되었어.

하지만 흥선 대원군은 임오군란의 배후 조종자로 지목되어, 집권 한 달 만에 청나라 군대에 붙잡혀 끌려갔단다. 이로써 명성황후는 다시 대궐로 돌아올 수 있었어. 흥선 대원군과의 불꽃 튀는 대결은 그렇게 명성황후의 승리로 막을 내렸지.

■ 그 이후 역사는 어떻게 바뀌었을까?

명성황후는 조선을 삼키려는 일본의 검은 속셈을 알고 있었어. 그래서 일본을 경계하면서 청나라와 가깝게 지냈지.

1884년 12월 4일 김옥균·박영효 등 개화파 사람들은 일본의 지원을 받아 갑신정변을 일으켰어. 그러나 갑신정변은 3일 만에 끝났어. 청나라의 위안 스카이가 군대를 동원해 개화파를 공격했기 때문이야.

그 뒤 위안 스카이는 자신이 정권을 지켜 준 것이라며 명성황후와 고종 위에 군림하려고 했어. 그는 압력을 가하며 내정 간섭을 했지.★

조선을 집어삼킬 야욕을 품고 있던 일본은 청나라를 상대로 치열한 각축전을 벌였어. 그리하여 1894년 동학혁명 때 두 나라 군대가 조선 땅에서 맞붙어 싸웠는데, 이를 청일전쟁이라고 해. 전쟁은 일본의 승리로 끝났단다.

청나라 위안 스카이

명성황후는 침략의 야욕을 드러낸 일본을 견제하기 위해 러시아의 힘을 빌리기로 했어. 그래서 공사 '카를 이바노비치 베베르'를 자주 대궐로 불러들이는 등 러시아와 가깝게 지냈지.★

러시아 공사 공사 카를 이바노비치 베베르

조선을 식민지로 삼으려는 일본으로서는 명성황후가 큰 걸림돌이 되었어. 그래서 그녀를 없애기로 했지.

1895년 10월 8일 새벽 5시. 일본 공사 미우라 고로는 낭인 무사들을 경복궁으로 보내 명성황후를 참혹하게 살해했단다.★

명성황후를 시해한 미우라 고로

163

이 사건이 바로 을미사변이야. 그런데 놀라운 사실은, 이 사건에 흥선 대원군이 관련되어 있다는 거야. 청나라로 끌려갔던 흥선 대원군은 3년 만에 조선으로 돌아와 운현궁에서 지내고 있었어. 그런데 그는 을미사변이 일어나기 전에 수시로 일본 영사관을 드나들며 명성황후를 죽이는 일을 모의했어. 그리고 을미사변이 일어난 날에는 일본 낭인 무사들을 경복궁으로 안내하는 역할까지 했다는 설도 있단다. 흥선 대원군은 이런 공으로 일본에 의해 다시 정계에 복귀했다는구나. 그러나 그는 일본의 꼭두각시 노릇만 하다가 곧 물러났고, 1898년 2월 22일 쓸쓸히 세상을 떠났어.

　명성황후를 시해한 을미사변과, 그 뒤를 이어 시행된 단발령은 항일 의병 투쟁을 불러일으켰어. 이때 고종은 생명에 위협을 느껴 러시아 공사관으로 몸을 피했어. 그 뒤 1904년, 러시아와의 전쟁에서 일본이 승리하면서, 조선은 일본에 국권을 빼앗기고 말지.

흥선 대원군과 명성황후의 가상 대담

흥선 대원군   황후 마마, 안녕하십니까? 이게 얼마 만인지요?

명성황후   어느새 100년을 훌쩍 넘겼군요.

흥선 대원군   그러고 보니, 우리가 처음 만났을 때의 일이 생각나는군요. 나는 황후 마마를 처음 뵙고 "호랑이를 며느리로 들였군." 하고 말했는데, 혹시 기억하시는지요?

명성황후   아, 전혀 기억나지 않습니다. 무슨 뜻으로 그런 말씀을 하셨는지요?

흥선 대원군   별다른 뜻은 없습니다. 다만 강한 상대를 만났다고 느꼈을 뿐입니다. 그런데 느낌이 현실이 되어 버렸지요. 우리는 용호상박, 그야말로 용과 호랑이가 맞선 듯 양보할 수 없는 한판 대결을 벌였으니까요.

명성황후   송구스럽습니다. 저는 대원위(大院位)를 철천지원수처럼 여기진 않습니다. 대원위와 맞선 건, 전하를 아버지의 그늘에서 벗어나 나라를 다스리게 하기 위함이었으니까요.

흥선 대원군   그 점은 나도 인정합니다. 하지만 그 방법이 매정해서 매우 서운했지요. 황후 마마께서는 권좌에서 물러나게 하려

	고 한 마디 상의도 없이 내 전용 출입문을 막아서 대궐 출입을 못 하게 하셨지요?
명성황후	서운하셨다면 사과드립니다. 말이 나온 김에 저도 한 말씀 드리지요. 대원위께서 보내 주신 한약을 먹고 제 아기가 죽었습니다. 도대체 무엇을 넣었기에 몇 시간 만에 죽는단 말입니까?
흥선 대원군	그것은 오해입니다. 어떻게 할아버지가 손자를 죽일 수 있겠습니까?
명성황후	믿어도 될까요? 우리는 시아버지와 며느리 사이지만, 서로에게 불신이 컸던 것 같습니다.
흥선 대원군	그렇지요. 많은 세월이 흘렀지만, 나도 잘못한 점은 황후마마께 용서를 구하고 싶군요.

김구 VS 이승만

대한민국 임시정부의 주석 김구와 대한민국 임시정부의 대통령 이승만은 모두 일제 강점기에 독립운동을 했던 정치 지도자야. 두 사람은 광복을 맞이한 뒤 해방 공간에서 만나 서로 맞서게 되는데, 치열했던 그 대결 현장으로 찾아가 볼까?

■ **김구와 이승만이 살던 시대에는 무슨 일이 있었나?**

1910년 8월부터 1945년 8월까지 일본 제국주의가 우리나라를 식민 지배했던 시기를 '일제 강점기'라고 해. 일제 강점기는 1910~1919년의 무단 통치기, 1919~1931년의 문화 통치기, 1931~1945년의 민족 말살기로 나눌 수 있어.

무단 통치기는 일본이 한반도를 완전한 식민지로 만들기 위해 무단 강압 정책을 편 시기야. 집회·결사의 전면적 금지, 한글 신문의 폐간, 민족 교육 기관의 폐지, 의병 세력의 토벌, 헌병 경찰제도 실시 등이 이루어졌지. 이 시기에는 각처에서 애국지사들이 국권 회복을 외치며 독립 의지를 보였고, 1919년 3월 1일에는 3·1운동이 일어났단다.

문화 통치기는 3·1운동으로 위기를 느낀 일본이 민심을 수습한다는 명목으로 유화 통치를 표방하던 시기야. 헌병 경찰 제도를 보통 경찰 제도로 바꾸고, 〈조선일보〉·〈동아일보〉 등의 민족계 신문 발행을 허락했어. 이 시기에는 국내에서 소작 쟁의·노동 쟁의·학생 운동·사상운동 등의 항일 운동이 벌어졌으며, 해외에서는 대한민국 임시정부가 수립되고 만주·시베리아 등지의 독립운동 단체들은 항일 무장 투쟁을 전개했지.

민족 말살기는 일제가 침략 전쟁을 치르기 위해 우리나라를 병참 기지로 삼아 그 인력과 물자를 강제 동원하고, 한민족을 일본인으로 만들기 위해 민족 말살 정책을 편 시기야. 이때에는 국내에서 노동자·농민들이 지하에서 생활 개선·차별 철폐 투쟁을 벌였고, 국사학자·국어학자 등이 민족 문화를 살리는 운동을 전개했어. 해외에서는 한국인 독립군 부대가 항일 투쟁을 했고, 대한민국 임시정부가 광복군을 조직하여 중국군과 함께 항일전에 참여했어.

하지만 1945년 8월 15일, 일본이 무조건 항복함으로써 우리나라는 식민 통치에서 벗어날 수 있었어. 그리하여 중국·미국 등지에서 항일 투쟁을 했던 김구·이승만 등의 독립운동가들이 우리나라로 돌아왔단다.

■ 조국 광복을 위해 힘쓴 독립운동가, 김구 ★

김구

백범 김구는 대한민국 임시정부를 이끌며 일제 강점기에 독립운동에 평생을 바쳤던 지도자야. 그는 1876년 황해도 해주군 백운방 텃골에서 평민인 김순영과 곽낙원의 외동아들로 태어났어. 4세 때 천연두를 심하게 앓아 가까스로 목숨을 건졌고, 9세 때부터 글을 배우기 시작했지. 15세 때는 한학자 정문재에게 한학을 배웠고, 17세 때는 해주에서 과거 시험을 보았으나 낙방했단다.

김구는 이듬해 동학에 들어갔어. 그는 19세 때 팔봉 도소 접주에 임명되어 동학 농민군의 선봉장으로 나섰으나 쫓기는 몸이 되어 만주로 피신, 김이언의 의병 부대에 들어갔지.

1895년 명성황후 시해 사건인

을미사변이 일어나자 충격을 받고, 이듬해 2월 귀국하여 안악으로 돌아오던 김구는 치하포에서 조선인으로 위장한 일본인 쓰치다를 죽여 사형 선고를 받았어. 그러나 2년 뒤, 감옥에서 탈출하여 공주 마곡사에서 잠시 스님 노릇을 했지. 그 뒤 애국 계몽 운동에 뛰어든 김구는 신민회의 회원이 되었고, 36세 때 105인 사건으로 체포되어 3년을 복역했단다.[7]

---

7) 105인 사건: 1911년 조선총독부가 민족해방운동을 탄압하기 위해 데라우치 마사타케 총독의 암살미수사건을 조작하여 105인의 독립 운동가를 감옥에 가둔 사건.

이봉창

윤봉길

1919년 3·1운동이 일어나자 중국 상하이로 망명하여 대한민국 임시정부의 초대 경무국장이 되었어. 그리고 내무총장·국무총리 대리 등을 거쳐 1926년 국무령에 취임했지. 1928년부터는 일제에 대한 항일 투쟁을 전개하며 한인애국단을 조직, 이봉창★·윤봉길★ 등의 의거를 지휘했단다.

1932년의 의거로 일제의 탄압이 심해지자, 그는 임시정부를 장쑤성의 전장, 후난성의 창사 등지로 옮겼다가 1937년 11월에는 중국 정부를 따라 충칭으로 갔어. 그곳에서 한국광복군을 창설하여 사령관에 지청천, 참모장에 이범석을 임명했지.

1939년 임시정부 주석에 취임하여 1944년 재선된 김구는 1945년 2월 대한민국의 이름으로 일본과 독일에 정식으로 선전 포고를 했어. 그리고 미 육군 특수 부대 OSS와 합작으로 광복군 특공대를 만들어 국내 진공 작전을 계획했지. 하지만 1945년 8월 15일, 일본이 항복함으로써 광복군의 힘으로 조국의 광복을 앞당기겠다는 김구의 꿈은 깨어지고 말았단다.

■ 미국에서 외교 중심의 독립운동을 벌인 이승만

이승만은 주로 미국에서 외교를 통해 독립을 이루어야 한다는 신념으로 독립운동을 했던 사람이야. 그는 1875년 황해도 평산군 마산면 대경리 능내동에서 아버지 이경선과 어머니 김씨 사이에서 막내로 태어났어. 위로 두 형이 그가 태어나기 전에 죽어 6대 독자가 되었지. 태종의 장남인 양녕대군의 16대손으로, 몰락한 왕족의 후손이야.

이승만

이승만은 어려서부터 한학을 공부했는데, 1894년 과거 시험이 없어지자 이듬해 배재학당에 입학했어. 학교에서는 신학문을 배우면서 영어 공부에 열중했어. 그는 졸업 무렵에는 영어로 연설할 수 있을 정도였어. 그는 협성회·독립협회 등에 참여하면서 1899년 박영효 일파의 대한제국 고종 폐위에 가담했어. 그리하여 이 사건으로 체포되어 5년 7개월 동안 감옥 생활을 했지.

감옥에서 풀려난 뒤인 1904년 겨울, 민영환의 밀사로 미국에 갔어. 이승만은 루스벨트 대통령을 만나 한국의 독립을 요청했지만, 특별한 성과는 없었지. 하지만 그것이 미국에서의 외교 독립운동의 첫 출발이었어.

이승만은 선교사들의 지원을 받아 미국에 머물며 공부를 계속했어. 조지 워싱턴 대학에서 학사 학위, 하버드 대학교에서 석사 학위, 프린

스턴 대학교에서 박사 학위를 받았단다.

　1919년 3·1운동으로 상하이에 대한민국 임시정부가 수립되자, 그는 대한민국 임시정부의 초대 대통령에 뽑혔어. 하지만 1925년 그가 미국 대통령에게 한반도의 위임 통치를 청원했다는 사실이 알려졌어. 그로 인해 탄핵을 받아 대통령직에서 면직되었지. 그 뒤 이승만은 미국에 머물며 한국의 독립을 위한 외교·홍보 활동을 하다가, 1945년 해방이 되자 한국으로 돌아왔단다.

■ 김구와 이승만, 해방 공간에서 맞서다

　1945년 8월 해방을 맞이하자, 중국·미국 등 해외에서 독립운동을 했던 사람들이 하나둘 우리나라로 들어왔어. 10월 16일 가장 먼저 고국 땅을 밟은 사람은 이승만이었어. 라디오 방송을 통해 국민들에게 널리 알려져 있던 그는 열렬한 환영을 받았지. 미군정의 하지 중장은 이승만을 한국의 위대한 지도자라고 소개했단다.

　이승만보다 30여 일 늦은 11월 23일, 김구는 정부 자격이 아닌 개인 자격으로 귀국했어. 미군정이 대한민국 임시정부를 인정하지 않았거든.

　당시 해방 공간의 한국은 좌익과 우익으로 나뉘어 싸우고 있었어. 그런데 1945년 12월 28일 모스크바 삼상 회의(미국·영국·소련)에서 우리

나라의 신탁 통치를 결정되자, 그 싸움이 더욱 치열해졌어. 우익은 신탁 통치에 반대했고, 좌익은 처음엔 반대했다가 찬성하는 쪽으로 입장을 바꾸었어.

김구와 이승만은 신탁 통치 반대 운동에 나섰어. 두 사람은 전국을 순회하며 대규모 집회를 열어 신탁 통치에 반대하는 연설을 했단다.

그런데 김구와 이승만은 우리나라의 신탁 통치 반대 운동을 하면서도 서로 다른 생각을 하고 있었어. 김구는 미국과 소련의 군정을 몰아내고 임시정부를 중심으로 통일 정부를 세울 계획이었어. 그러나 이승만은 미군정을 몰아내거나 임시정부를 떠받들 뜻이 없었어. 그래서 그는 1946년 6월 3일 전라북도 정읍에서 이런 연설을 했단다.

"우리나라에 임시정부를 세우기 위해 만든 미소 공동위원회가 무기휴회 되어 통일 정부를 세우는 것이 여의찮게 되었습니다. 따라서 남쪽만이라도 총선거를 실시하여 단독 정부를 수립해야 합니다."

그러자 김구는 이승만의 의견에 펄쩍 뛰며 반대했어.

"남쪽만의 단독 정부라니요? 그게 말이 됩니까? 한반도에 남과 북이 함께하는 통일 정부를 세워야 합니다."

김구와 이승만은 이렇듯 서로 다른 주장으로 해방 공간의 한국에서 대립하게 되었어.

■ 그 이후 역사는 어떻게 바뀌었을까?

이승만이 남한만의 선거에 의한 단독 정부 수립을 주장하자, 그를 지지하는 한민당이 이를 환영했어. 이승만은 단독 정부 수립을 위해 민족통일 본부를 세우고 스스로 총재가 되었어. 그렇지만 김구는 이승만의 주장을 받아들일 수 없다며 끝까지 반대했어.

한국 문제는 유엔으로 넘어갔어. 1947년 11월 14일, 유엔 총회는 유엔 감시하에 남북한 인구 비례에 의한 총선거를 시행하기로 결정했어. 김구는 이 결정에 지지하며 「나의 소원」이란 글에서 이렇게 말했어.

"내 소원이 무엇이냐 하고 하나님이 내게 물으시면 나는 서슴지 않고 내 소원은 대한 독립이오 하고 대답할 것이다. 그다음 소원은 무엇이냐 하고 물으시면, 나는 또 우리나라의 독립이오 하고 할 것이요, 또 그다음 소원이 무엇이냐 하는 셋째 번 물음에도 나는 더욱 소리를 높여서, 내 소원은 우리나라 대한의 완전한 자주독립이오 하고 대답할 것이다. 동포 여러분! 나의 소원은 이것 하나밖에는 없다. 내 과거의 칠십 평생을 이 소원을 위해서 살아왔고, 현재에도 이 소원 때문에 살고 있고, 또 미래도 나는 오직 이 소원을 이루기 위해서 살 것이다."

김구는 그토록 간절히 '우리나라 대한의 완전한 자주독립'을 바랐지만, 현실은 분단으로 치닫고 있었어. 1948년 2월 26일, 유엔 3차 총회

에서 남한에서만 단독으로 총선을 실시하기로 한 거야.

결국 남한에는 대한민국 정부가 수립되어 이승만이 초대 대통령에 취임했고, 북한에는 조선민주주의인민공화국이 수립되어 김일성이 초대 내각 수상으로 취임했어.

그래도 김구는 통일 정부를 세우겠다는 노력을 포기하지 않았어. 하지만 그는 1949년 6월 26일, 집무실인 경교장에서 육군 포병 소위 안두희에게 저격당해 세상을 뜨고 말았어. 김구가 암살당했다는 소식이 전해지자, 서울 장안은 울음바다가 되었단다.

김구와 이승만의 가상 대담

김구　　형님, 안녕하십니까? 오랜만입니다.

이승만　백범, 만나서 반갑소. 백범은 나를 꼬박꼬박 '형님'이라 불러 주시는구려. 내가 겨우 한 살 많은 것뿐인데.

김구　　오뉴월 뙤약볕이 얼마나 긴지 아십니까? 일 년도 길다면 긴 것이지요.

이승만　허허, 그렇게 말해 주니 고마울 따름이오.

김구　　내가 상하이 임시정부에 있을 때, 형님께 자금 사정이 어렵다며 도와달라는 편지를 수시로 보냈지요.

이승만　오죽 어려웠으면 그런 편지를 보냈겠소. 많이 도와주지 못해 미안하오.

김구　　아닙니다. 1920년대 후반 임시정부가 자금난에 시달릴 때, 형님께서 꾸준히 후원금을 보내 주셨지요. 정말 고마웠습니다.

이승만　백범의 헌신과 수고가 있었기에 광복이 찾아온 것이지요. 오랜만에 만나 추억에 젖게 해 줘서 감사하오.

김구　　나도 고맙습니다. 늘 행운이 함께하길 빌겠습니다.

참고 문헌

- 《고려사의 재발견》, 박종기, 휴머니스트, 2015
- 《교과서 밖으로 나온 한국사》(선사~고려), 박광일·최태성, 씨앤아이북스, 2014
- 《교과서 밖으로 나온 한국사》(근·현대), 박광일·최태성, 씨앤아이북스, 2012
- 《궁금해서 밤새 읽는 한국사》, 이근호, 청아출판사, 2016
- 《그대는 적인가 동지인가》, 이이화, 김영사, 2009
- 《그들은 어떻게 시대를 넘어 전설이 되었나》, 이희진·은예린, 아름다운날, 2014
- 《난세에 길을 찾다》, 임용한, 시공사, 2009
- 《두산 세계대백과사전》, 두산동아, 1996
- 《말하지 않는 한국사》, 최성락, 페이퍼로드, 2015
- 《명장 열전》, 이성무, 청아출판사, 2011
- 《미래를 여는 한국의 역사》 3, 권내현·심재우·염정섭·정재훈, 웅진지식하우스, 2011
- 《브리태니커 세계대백과사전》, 한국브리태니커회사, 1992
- 《뿌리깊은 한국사 샘이 깊은 이야기》 1~2, 서의식·강봉룡, 솔, 2002
- 《서프라이즈 한국사》, 이정범, 풀빛, 2009
- 《세계를 움직인 맞수》, 김남석, 밝은세상, 1995
- 《에피소드 한국사》(고중세편), 표학렬, 앨피, 2014
- 《에피소드 한국사》(근현대편), 표학렬, 앨피, 2012
- 《에피소드 한국사》(조선편), 표학렬, 앨피, 2013
- 《LTE 한국사》, 민병욱, 책이있는마을, 2014
- 《역사가 말하게 하라》, 복거일, 도서출판 다사헌, 2013
- 《역사를 바꾼 운명적 만남》(한국편), 함규진, 미래인, 2010
- 《역사를 바꾼 이인자들》, 송은명, 시아출판사, 2003
- 《역사의 길목에 선 31인의 선택》, 우리시대의 역사학자 18인 씀, 푸른역사, 1999
- 《우리도 몰랐던 한국사 비밀 32가지》, 이수광, 북오션, 2014
- 《우리 역사를 바꾼 전쟁들》, 이희진·김우선, 책미래, 2014
- 《우리 역사의 수수께끼》 1, 이덕일·이희근, 김영사, 1999

- 《21세기 웅진학습백과사전》, 웅진닷컴, 1998
- 《이야기 인물 한국사》, 이현희, 청아출판사, 1986
- 《이이화 한국사 이야기》 3, 이이화, 한길사, 1998
- 《이이화 한국사 이야기》 5, 이이화, 한길사, 1999
- 《이이화 한국사 이야기》 9, 이이화, 한길사, 2000
- 《이이화 한국사 이야기》 12, 이이화, 한길사, 2000
- 《인물로 읽는 라이벌 한국사》, 김갑동, 애플북스, 2015
- 《조선과 만나는 법》, 신병주, 현암사, 2014
- 《조선 왕을 말하다》 1, 이덕일, 역사의아침, 2010
- 《조선이 버린 천재들》, 이덕일, 옥당, 2016
- 《조선 전쟁 실록》, 박영규, 김영사, 2018
- 《처음 읽는 한국사》, 김광일·김보라, 책들의정원, 2017
- 《토픽 한국사》 12, 김용태, 여문책, 2016
- 《패권 쟁탈의 한국사》, 김종성, 을유문화사, 2016
- 《학교에서 가르쳐 주지 못한 우리 역사》, 원유상, 좋은날들, 2013
- 《학자의 고향》, KBS 학자의고향 제작팀, 서교출판사, 2013
- 《한국민족문화대백과사전》, 한국정신문화연구원, 1991
- 《한국사 다이제스트 100》, 정성희, 가람기획, 2011
- 《한국사 100장면》, 박은봉, 실천문학사, 1997
- 《한국사 속의 한국사》 1~2, 고석규·고영진, 느낌이있는책, 2016
- 《한국사 X파일》, 남경태, 다림, 1999
- 《한국사의 아웃사이더》, 이이화, 김영사, 2008
- 《한국을 속인 거짓말》, 이종호, 사닥다리, 2015
- 《한 권으로 읽는 백제왕조실록》, 박영규, 웅진지식하우스, 2000
- 《한 권으로 읽는 조선왕조실록》, 박영규, 웅진지식하우스, 2004
- 《한국사》, 고려대학교 한국사연구소 편, 새문사, 2014
- 《한 손에 잡히는 조선 상식 사전》, 김경민, 책비, 2017
- 《흔적의 역사》, 이기환, 책문, 2014